Frida Ramstedt

Handbok
i inredning
och styling

北欧式インテリア・
スタイリングの法則

フリーダ・ラムステッド = 著　久山葉子・机宏典 = 訳

FILM
ART

フィルムアート社

Frida Ramstedt

Handbok i inredning och styling

目次

5

照明

6

スタイリングのテクニック

7

購入アドバイス

8

カギになる寸法とバランス

9

インテリアのプランニング

＊日本語版刊行に際して
本書には原書出版国であるスウェーデンの気候風土や住宅事情、商品の販売状況などに基づく箇所があり、必ずしも日本の状況には当てはまらない情報もあるが、原書を尊重し、日本の慣習に合わせる調整は最小限に留めた。
訳者による補足は〔　〕で示した。

心地よい家を
つくるために

　あなたがいま手にしたこの本は、わたし自身が長年探しつづけてきたものです。何百冊もインテリアの本を読み、図書館にも行き、蚤の市では古い文献を、ネットでは外国の本を取り寄せてきました。でもどれも、豪華な邸宅やインテリアの写真ばかり。普通の住まいのための具体的なアドバイスはほとんど見つかりませんでした。

　わたしがずっと探し求めてきたのは、インテリアの基礎知識の本でした。家具やスタイルの好みに関係なく、誰でも活用できる経験則やヒントを詰めこんだ本。あれこれ新しく購入したり、壁を壊してまでリノベーションしたりしなくても、家全体の印象をがらりと変えてくれるような小さなコツ──それを教えてくれるような本です。

　プロのインテリアデザイナーやコーディネーター向けの本には、家づくりの指針や人間工学<ruby>人間工学<rt>エルゴノミー</rt></ruby>に基づいた寸法をまとめたものがあります。でも、一般向けの本は見つかりませんでした。自分の家を「マイホーム」にするときに頼りたい本。他人の家の写真を見てインスピレーションをもらうのではなく、わたし独自のアイデアを生み出すのに役立つ本がほしかったのです。

数年前、古いアパートメントから新築のタウンハウスに引っ越しました。そこは機能的ではあるけれど、直線が多くて個性に欠ける家でした。そこで「普通の家」ならではのインテリアの課題に直面するようになったのです。天井が高いわけでもないし、古い家屋のような情緒もない。どうすればいいのか──わたしは行きづまりました。憧れていたような温かでくつろげる雰囲気を出すことができなくて。プロのインテリアスタイリストとして数々の有名企業と仕事をしてきたのに、自分の家をスタイリングするとなると予想以上に難しく、いらいらすることもたびたびでした。苦労しましたが、プロとしても個人としても、インテリアを新しい目で見つめなおすきっかけになりました。全体の調和がとれていて、くつろげる雰囲気で、暮らしやすいインテリア。どうすればそれができあがるのでしょうか。

　感じたことをメモに書きとめながら、自分にどんな基礎知識が欠けていたかがわかってきました。それをまとめたものが、本書『北欧式インテリア・スタイリングの法則』（原題：インテリアとスタイリングのハンドブック）。インテリア業界のプロや建築の専門家向けではなく、あくまで一般向けの内容です。業界のプロにはたくさん質問をして、さまざまな問題に直面したときに、「どのように考えればいいのか」がわかってきました。専門教育を受けたインテリアデザイナーやスタイリストがもつ「直感」を言語化し、実際に使えるアドバイスに生まれ変わらせたのです。

　もちろん、インテリアには正解も不正解もありませんし、科学的根拠などめったにありません。結局は好みによるところが大きいのですから。でも、経験則や暗黙の了解のようなルールがたくさん見つかりました。行きづまったらそれを参考にすればいいのです。ただし、知らなければ参考にはできません。

　わたしがつくろうとしたのは、そういったアドバイスやテクニックをすべて一冊にまとめた本です。プロが「直感」と呼ぶものを、もっと具体的で実用的なルールやテクニックに翻訳すること。あなたやわたしが、自信をもって決断できるように。この本を読んだあと、あなたがインテリアを新鮮な目で見られるようになったら、これほど嬉しいことはありません。そのアプローチをあなただけの空間に取り入れ、「家を快適にするには何が必要なのか」に簡単に気づけるように。

絶対音感がなくても、楽譜どおりに弾ければいい！

　わたしはよく、インテリアデザインを音楽にたとえます。誰もが絶対音感をもっているわけではないけれど、楽譜を見れば演奏できる人は大勢いますよね。色や形やインテリアもそれと同じ。イメージどおりのインテリアを完成させられる直感を生まれもった人は少ないけれど、基礎を学んでスキルを身につければ、誰でもすごく上手になれるんです。

　いまの時代、インテリア好きな人たちはインテリアやデザインの知識をふんだんにもっています。有名アイテムや家具、トレンドなどを熟知していると言えばいいでしょうか。寝起きでも、ブランドや有名なインテリアプロダクト、今期のトレンドカラーをそらで言えるくらい。一方で、インテリアデザインやスタイリングのごく基本的な部分についてはあまり知られていないような気がします。バランスのとり方やカギになる寸法、実用性を考えると必要なものは？　日々アイテムを購入したり取り替えたりしていますが、どうすれば機能的かつ調和のとれた家がつくれるのか。これだけお金をかけてものを買ったり改装したりしているのに、全体をうまくまとめられたと思える人は驚くほど少ないのです。

　この本は、スタイリングされた部屋の写真が光沢紙に印刷されているわけではありません。こういう本は、一冊あれば十分。あなたが自分で、「わたしだけの家」のアイデアを思いつくように、説明とイラスト入りの教科書に仕上げました。

　何をスタイリングするかだけでなく、どのようにスタイリングするのか。これからはそれにシフトしましょう。わたしが提供するのは、あなたが自分で考えるためのツールボックスです。スタイリストのようにニーズを把握し、現状に満足できないなら何が欠けているのか、間違っているのかに気づくことができるように。この本は研究レポートでも解答集でもありません。調和のとれた心地よい家をつくるために、あなたが好みどおりに組み合わせられるメロディーと和音をつめこんだ楽譜なのです。

「家」はこの世で
いちばん素敵な言葉。
──ローラ・インガルス・ワイルダー
（1867–1957、作家）

あなたはどんなことが
好きですか？

　プロのインテリアデザイナーやスタイリストは、クライアントから依頼を受けるとまず「ニーズ分析」を行います。自分のために家具を選ぶわけではないから、そこに住む人を理解し、彼らのために生活をつくっていかなくてはいけないのです。どんな暮らしぶりの人？　実用的なニーズは？　家に求めるのはどんなこと？

　自分の家のインテリアを考えるときは、見た目にこだわるあまり、このニーズ分析を忘れがちです。どのように見せたいかよりも、日常でどう機能してほしいかを考えてみましょう。

　無駄買いは避けたいし、仕上がりにも満足したいですよね。それなら、わたしからのアドバイスはこれです。まずは、徹底的に分析！　スタイリストを雇う余裕はなくても、スタイリストのように「考える」のはタダなのですから。

あなたは家の中でどんな人？　何をしている？　誰のために？

　現代の家は、雨風をしのぐだけのものではありません。どのように暮らすかは、その人のアイデンティティそのもの。所属するグループ、社会的地位、そして住む家も人を表すのです。ソーシャルメディアでプライベートな空間が公開されていることからもわかりますよね。写真を撮って、人に見せたいのです。これまで服やファッションがその役割を果たしてきたように、家をどのようにスタイリングするかで、自分のイメージを構築していくのです。でも、そんなアプローチはすぐに虚しくなるし、お互いに自慢し合っているだけ。それでは快適さや居心地のよさは手に入りません。

　自分らしいインテリアというのは、自分の個性を表現するだけでなく、「人間としてどう形づくられてきたか」に、インテリアのほうを合わせることでもあります。自分の性格の物理的・精神的なニーズを把握し、肯定してあげる。そうやって、自分がよさを感じ、見栄えだけではない、調和のとれた居心地のよい家が仕上がるのです。

> **自分が何を好きなのか、それを他人から学ぶことはできない。**
> ──テレンス・コンラン
> （インテリアデザイナー）

　部屋を見栄えよくしたり、他の人からインスピレーションを受けたりするのがダメなわけではありません。ただ忘れてはいけないのは、重要な答えのほとんどが自分の中にしか見つからないこと。あなたはどういうスタイルの部屋でどう感じますか？　温かく心地よい記憶がよみがえるのはどういうディテール？　誰も見ていないとき、快適に過ごすためにどんなことをしていますか？　こういった要素が、あなたにとって居心地のよい家をつくるためにかけがえのない「手がかり」なのです。

インテリアに対して臆病？

　わたしの家には鮮やかな色がないので、「あなたは怖がりなのね」とよく言われます。インテリアに明るいニュートラルカラーばかり取り入れると、臆病な性格で失敗するのが怖いのだと思われるのです。わたしとしては、鮮やかな色に囲まれるとエネルギーを奪われてしまうからなのですが……。わたしは目や耳から入る刺激にとても敏感なので、いくつものディテールが同時に注目を求めてくるような「視覚的に強い」インテリアに囲まれると、すぐに疲れてしまうのです。

わたしのように、強い原色のインテリアではリラックスできないという人もいますが、まったく逆の人もいます。つまり、色の薄いインテリアだと落ち着かず、物足りなく感じる人たちです。これは、どちらが正しいか、勇敢か臆病かという問題ではありません。それぞれに性格が異なるし、刺激への反応のしかたも違います。家で過ごす時間というのは、あなたにとって物理的にも精神的にも快適でなければいけません。

どう思われたいかではなくて、どう生活したいかで家具を決める

わたしたちはそれぞれに個性的なのに、家に行ってみると、意外なほど同じような家具を使っています。よく考えてみると、おかしなことですよね。自分の住まいをどんなふうに使いたいか、それでインテリアが決まるはずなのに。間取りと家具を選ぶ段階で、暮らし方はある程度決まってしまいます。自由時間は友人と過ごすのが好き、という人には、リビングに大勢で座れる大きなソファが必要でしょう。一方、休日は本を読んでリラックスしたいという人は、心から快適なアームチェアにお金をかけてはどうでしょう。社交的で、人と過ごすことで元気になれる人は、オープンな間取りが合うでしょう。独りになって充電するのが好きな人は、必要ならドアを閉められるような、プライバシーが保たれた間取りを快適に感じるでしょう。

あなたの性格と、家でどのように過ごしたいか。それに基づいて、住まいを最適化してみましょう。あなたがいちばん好きなのは、いつ、何をしているときですか？分析することで、その時間を増やせるようにしてみましょう。

たとえば……
- **社交的で人と会うのが好きな人**→住まいを社交のために最適化しましょう。大きなダイニングテーブルに投資して、家族の人数より多い椅子とソファのスペースを準備。そうすれば、気軽にゲストを迎えられます。
- **人と集まるよりも、自分の趣味に没頭するタイプ**→それに合うようなインテリアにしましょう。どうせ使わないのに、大勢座れるソファや大きなダイニングテーブルに場所を割く必要はなし。
- **ストレスを感じている人**→身体を休め、リラックスできるよう、家を最適化しましょう。ぱちぱち音を立てる暖炉や、心休まる絵画を用意して、リビングを平和と安らぎの場に。本を読んだり、音楽を聴いたり、のんびりしたり——手軽にそれができる場所をつくってみて。

- **家族全員、スマートフォンばかり見ている**→リビングの家具を、コミュニケーションや会話が増えるような配置にしましょう。ソファをテレビに向けるのではなく、ソファ同士を向かい合わせにしたり、ソファテーブルを囲むようにアームチェアを並べます。
- **聴覚過敏**→耳から入る刺激が最小限になるようにしましょう。キッチンの換気扇や食洗機などの白物家電は音の静かな製品を選び、音響も考えて家具を配置。そうすることで、部屋の反響や足音を抑えられます。
- **視覚過敏**→視覚的なノイズを最小限に抑えましょう。収納は扉が閉まるもの、こまごましたものをさっと片づけて隠せるような方法も考えて。

嫌いなものも書きだして！

自分の好みを知りたくて、インスピレーションになるような写真を探す——そんなとき、自分が好きだと思うスタイルの写真を探すのが普通ですよね。実はもうひとつ、自分の好みをはっきりさせたいときに使えるテクニックがあります。好きではないインテリアの写真を探して、なぜ嫌いなのかを分析するんです。パソコンのフォルダを緑と赤といった具合に色分けして写真を保存すれば、自分が心惹かれるもの、逆に避けたいものがはっきり見えてきます。なぜそれに惹かれるのかと同じくらい、なぜ嫌いなのかを分析すると多くの学びがあります。また、目指したい方向と避けたい方向を並行して考えることで、自分の心の中の方向性に気づくこともできます。

子どものニーズ

大人だけでなく、子どもにも個性があるのを覚えておいてください。幼い子どもでもティーンエイジャーでも、それぞれ違った雰囲気やコミュニケーションのとり方を求めています。親がそれで心地よいからといって、子どももそうだとはかぎりません。それに子どもは成長しますから、ニーズがずっと同じなわけでもありません。

お気に入りのインテリアが見つかるチェックリスト

- 子どもの頃を思い出してみましょう。インテリアに素敵な思い出はありますか？　もしあれば、その部屋や場所を描写してみましょう。
- どういうときにいちばん幸せな気分ですか？　それはなぜ？
- 将来どのように暮らしたいか、イメージはありますか？
- どんな色が好きですか？　嫌いな色は？
- クラシックな古い家具が好きですか、それとも新しいモダンなデザインに惹かれますか？　エレガントが好きか、素朴なスタイルがいいのかなど、いちばん好きな雰囲気を絞り込んでください。
- どんな樹種、どんなフィニッシュ（明るい色、暗い色、無塗装、ラッカー、ペイントなど）がいちばん好きですか？
- どのインテリアショップがお気に入りですか？　それはなぜ？
- お気に入りのホテルやレストランはありますか？　それはなぜ？
- 予算はどのくらいですか？　部屋の家具・インテリアに費やす額はいくらが適当でしょうか？

　答えを紙に書き出し、自分でよく考えてみたり、あなたのことをよく知っている人と話し合ってみたりしましょう。ちょうど同じことに取り組んでいる友人がいれば、意見し合って、お互いのこれまでのインテリアを分析することもできますね。

基本のルールと経験則

　この章は、本の中でいちばん難しいかもしれませんが、いちばん重要でもあります。デザイナーや建築家、写真家などが仕事でよく使っている基本的なルールをまとめてあるからです。その知識を頭の片隅に置いておくと、残りの章での具体的なスタイリングのアドバイスや、それが何に基づいているのかが、すっと頭に入ってくるはずです。

19

インテリアの数学

わたしは計算が苦手で、数字よりも色や形のほうがずっと好きです。なのに、クリエイティブな作業に行きづまったときにかぎって、数学的なアプローチに助けられてきました。なんだかおかしいですよね。自分でもびっくりです。

プロのインテリアデザイナーやスタイリストに、何を考えて作業をしているのかと尋ねると、驚くほど多くの人が「直感に頼る」と答えます。そんな答え、素人にはなんの役にも立ちませんよね。料理を習いにきた人に、「もっと独創的に」と説明するようなもの。直感や才能を生まれもっていない人には、より具体的なヒントが必要です。

インテリアを必ず成功させられるレシピや解答は存在しませんが、調和のとれた構図やバランスをつくる伝統的な手法を学ぶことはできます。それが、あなた独自のスタイルや好みを洗練させるための土台になるのです。数学が関わってくるのは、そこ。直感をもつ人はかぎられていますが、「数式」なら誰でも取り入れることができます。

黄金比

インテリアやデザインに興味があるなら知っておくとよいのが「黄金比」。「ファイ（φ）」または「神の比」とも呼ばれ、古代より芸術、建築、音楽などの分野で、調和のとれた構図やバランスを算出するのに使われてきた数式です。最初に定義したのはピタゴラスとフィボナッチだと言われており、長い歴史があります。あなたが「黄金比」のことを知っているかどうかはわかりませんが、歴史を通して人間の美の価値観が投影されてきたことに疑いの余地はありません。

黄金比の美しさをインテリアに取り入れるといっても、計算機は必要ないんです。黄金比は、幾何学模様でもあるから。黄金長方形、黄金螺旋、黄金三角形など、数学が苦手なわたしでも、とても便利なアプローチです。あなたのアイデアをいろいろと試してみるときに、黄金比の数式というよりは「黄金比の図形」を使うと、わかりやすい目安になります。

数学的な話をすると、「黄金比分割」は、ある線を二分し長い部分をa、短い部分をbとしたときに、「a＋b：a」の比率が「a：b」と同じになる場合を指します。つまり、全長を長い線分で割っても、長い線分を短い線分で割っても同じ値（1.618）になるということ。この比率は自然や芸術、建築物、銀河、人間の身体にいたるまで、あらゆるところに存在します。

$$\frac{a+b}{a} = \frac{a}{b} = \emptyset \approx 1.61803$$

黄金長方形

黄金比を取り入れた建築物

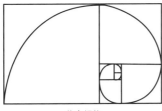
黄金螺旋

自然界に存在する黄金比

等分

不均等な分割

黄金比分割

構図とバランス

　歴史に残る建築家やデザイナーたちも黄金比のバランスに助けられてきましたが、普通の人がインテリアを考えるときにも便利です。

　フィボナッチの螺旋を使うことで、あなたの部屋の「静物画」（p. 124参照）にわくわくするような躍動感が生まれます。プロのインテリアデザイナーは、部屋の配色も黄金比で考えます（色についてはp. 86「60：30：10＋Bの法則」を参照）。それに従わなければいけないということではないですが、インテリアの写真を見ているとさまざまな形で黄金比が使われていることに気づきます。

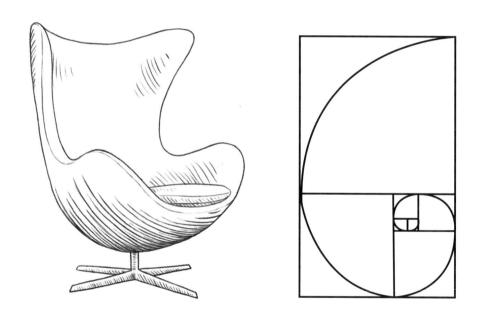

不朽の名作と呼ばれる家具にも、黄金螺旋、黄金比のラインやバランスが存在します。

三分割法

　計算が面倒なら、その面を2つではなく3つに分けるだけでもOK。「これををどこに置こうか」と迷ったとき、黄金比を簡略化して、いちばんいい位置を素早く決められます。「三分割法」や「聖なるバランス」と呼ばれる法則で、実用的なのに厳密な黄金比ほど複雑ではないため、日常のスタイリングにも手軽に取り入れられます。

　このアプローチを理解するために、身近な例をひとつ挙げてみましょう。いまのデジタルカメラは、画面が細いリッド線で分割されていて、被写体を配置する目安になります。このグリッドも黄金比とそれを簡略化した三分割法でできていて、ファインダーが水平・垂直それぞれ三分割されています。主な被写体、たとえば撮りたい人物を、中央ではなく交点のどれかに合わせることで、写真の構図がぐっとよくなるのです。交点が表示されているので、被写体を中心にもってくるというありがちな失敗を回避できます。

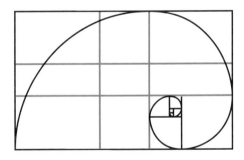 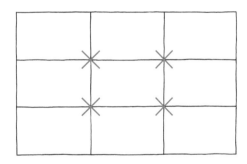

デジタルカメラのファインダーには、グリッドが表示されていることがあります。カメラを水平にする目安にもなりますが、「黄金比（ファイグリッド）」または「三分割法」の交点に焦点を合わせ、すばやく構図を決めることができます。

有名な写真や映画をじっくり観察してみてもそうですし、テレビのニューススタジオの構成を見ているだけでも、世界じゅうの写真家やカメラマンがこの原則にのっとって仕事をしているのがよくわかります。被写体が画面のど真ん中にくることは非常にまれで、通常は画面の3分の1または3分の2のところにきています。たいていは「黄金螺旋」を利用した構図になっていますね。それと同じように、あなたが心惹かれるインテリアのコーディネートやスタイリングも、このアプローチで解読できるはず。たいていは、この法則に基づいて構成されているのですから。これを念頭に置いておけば、どこにどのように家具や雑貨を配置すればいいかすぐにわかり、バランスと調和のとれた住まいができあがります。

　つまり三分割法は、大事なアイテムを部屋や壁に配置するときの目安になります。インテリアや空間を二等分するのではなく、三分割することで、視覚的なバランスと調和が生まれるのです。

幾何学には偉大なる宝がふたつある。ひとつはピタゴラスの定理、そしてもうひとつは黄金比だ。

——ヨハネス・ケプラー
（1571–1630、天文学者）

三角形と三角構図

　インテリアの写真を視覚的に分析するようになると、三角形がどこにでも現れて、頭がくらくらするかもしません。インテリアデザイナーや写真家は、よく三角形——つまり「三角構図」を使います。これも、普通の人でも取り入れやすいテクニック。複雑ではないし、失敗も少ないからです。いちばん外の輪郭が三角形になるようにアイテムを配置するか、アイテム間を結ぶ線が三角になるようにします。正三角形でも直角三角形でもOKです。

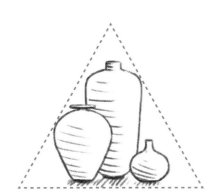
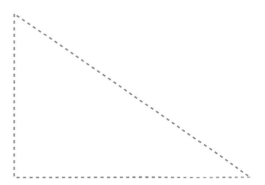

視覚的な中心

「黄金比」の法則を考えると、アイテムを中央に置くのがいいとはかぎりません。「視覚的な中心」というコンセプトを聞いたことがありますか？　グラフィックデザインの世界でもよく出てきますが、目が認識する中心というのは、実際の中心点と異なるのです。視覚的な中心は、実際よりも10％ほど上にあります。広告などでも、この「視覚的中心」にフォーカルポイント（焦点）をもってくるため、下の空間を上より少し大きめにとります。額縁のフレームも下のほうが太めで、モチーフが真ん中より少し上にくるように考えられています。

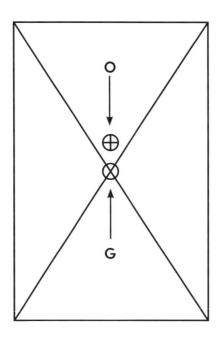

「視覚的な中心」（○）は、目が認識する中心。実際の中心（幾何学的な中心＝G）よりも少し高い位置にあり、黄金比のような割合になる。

フォーカルポイント（焦点）

　写真を撮るときには、どこに焦点をもっていきたいかを考えますよね。被写体の中からあるものを選び、それに少し多めにスペースを与えるか、目立たせるかして強調します。でも実生活では、このアプローチを忘れがち。インテリアのコーディネートに行きづまったときには、思い出してみてください。

　部屋の中にも、自然なフォーカルポイントが存在することがあります。美しい景色や大きな窓、素敵な暖炉など、すぐに人の視線を捉えるようなもの。それが見つからないなら、インテリアが目の自然な動線に反しているのかもしれません。もしくは、焦点になるものがひとつもないのか、逆に注目を求めてくるアイテムが多すぎるのか。その場合、ひとつ選んでフォーカルポイントをつくることで、目指している雰囲気を強調してくれます。

　次にインテリアを考えるときに、試してみてください。何を強調し、何をトーンダウンしたいですか？　長いこと考えすぎて問題点が見えなくなっているなら、誰かに「まず最初に何が見える？」と尋ねてみるか、スマートフォンのカメラで全体の写真を撮ってみましょう。カメラのレンズを通して部屋を見つめることにより、目が何に自動的にフォーカスされるのか、フォーカルポイントを強めるにはどうすればいいのかがわかります。何かを動かしたり、組み合わせを変えたり、取り除けばすっきりするかも？　それがはっきりするかもしれません。

　スタイリングでよくやる間違いは、家具や雑貨をどれも同じだけ目立たせようとしてしまうこと。もしくは、同じだけ目立たないようにしてしまうことです。それを避けるためにも、フォーカルポイントのアプローチを使ってみましょう。あなたがいま考えているインテリアだと、最初に目がいくのはどこですか？　何に目がいってほしいですか？　それらは同じものでしたか、それとも注目の配分を考え直すべき？

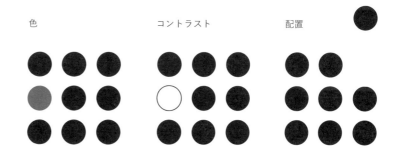

いくつもある円の中で、いちばん目を引くのはどれ？　色、コントラスト、配置を変えるだけで、目立たせたり、注目を引いたりすることができます。インテリアの中からひとつフォーカルポイントを選び、そこに注目を向けて。

色　　　　　　　　　　コントラスト　　　　　　配置

ライン（線）の魔法

　ラインは、インテリアのスタイリングをするときの視覚的ツールの中でももっとも強力な味方です。部屋や家具、壁紙、テキスタイルのラインの助けを借りて、目に錯覚を与え、視覚効果を生み出しましょう。大きく見せたり、小さく見せたり、くっきりさせたり、強調したり。部屋の中のラインの流れを計画し、それに沿って家具などを配置することで、目指す雰囲気を実現することができます。

リーディング・ライン（Leading line）

　インテリアコーディネーターはよく「リーディング・ライン」のコンセプトを使っています。フォーカルポイントにしたい点やアイテムに「目を誘導する」ためにラインを活用するのです。写真家も、構図やモチーフの配置を考えるときに、周囲の環境や自然の中に存在するラインを利用し、奥行や方向性を生み出します。それと同じように、インテリアのスタイリングにも深みを出すことができます。

　壁や床、天井の回り縁など、建物自体にもラインがありますし、家具やカーペットのように、あなたが選んだインテリアにも存在します。影や光も、日中の光の当たり方で、強い線をつくることがあります。何もない空間を利用することもできます。家具や雑貨の隙間や人が通る部分を利用して、特定の方向に視線を向けさせたり、特定の形状にアイテムをまとめることで傾斜やラインを強めることもできます。

対角線

　黄金比を使うときは、「対角線」をつくるのが重要だとよく言われます。「三角構図」（p. 25）にも出てくる斜めの線のことです。それが、視線を斜め上または斜め下に導いてくれるのです。壁にいくつもフレームを飾るときや、「静物画」（p. 124）のように雑貨をグルーピングするときに、その輪郭がフォーカルポイントに視線を導く線になるようにするのです。

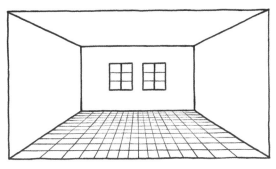

小さな格子模様の床（区切るラインが多い）。部屋に温かな雰囲気を与える。

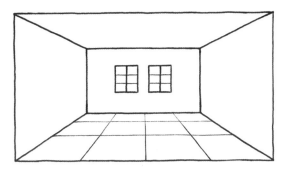

大きな格子模様の床（区切るラインが少ない）。部屋のサイズを強調。

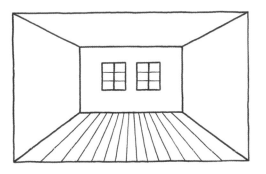

手前から奥に向かう縞模様の床。部屋を細く長く感じさせる。

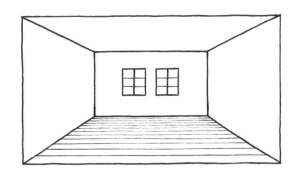

横に走る縞模様の床は逆に、部屋を幅広く感じさせる。

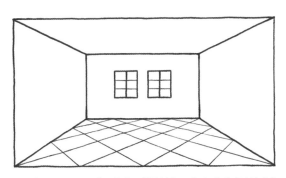

対角線を生むように敷いた床。部屋がオープンになり広く見える。

床を張り替えるのは無理？　それなら、あなたがほしいラインのラグを選びましょう。

水平ライン

　はっきりした水平のラインを取り入れることで、部屋の幅が広く見えます。この目の錯覚は、狭い空間におすすめのテクニックです。水平方向に縞の入った壁紙や家具を選んでみてください。水平方向に長い棚板をわたした本棚を配置すると、横方向に視線を誘導するリーディング・ラインが現れます（正方形に区切られた本棚だと格子模様になってしまうので注意）。ラグの柄にも同じ効果があります。壁に張る木のパネルや腰壁も同様で、天井が高すぎる印象を弱め、アットホームな雰囲気を与えてくれます。

垂直ライン

　壁紙を張ったり、床から天井まである細長い棚をいくつも並べることで、部屋の垂直ラインを強調できます。視線もその線に沿って上がります。目の錯覚で、実際よりも天井が高いように感じます。

曲線

　シャープで角張った印象になりすぎないように、インテリアには丸みを帯びたやわらかなラインも必要です。そんな曲線は建物にも存在します。アール型の天井、曲線を描く窓や壁などです。丸いラグや曲線を描く家具や鏡といったアイテムを使うこともできます。

床のライン

　リーディング・ラインは床にもあります。模様になったフローリング、長い無垢のフローリング、タイルの形や間隔が部屋の大きさの印象に影響を与えます。選択肢がいくつかあって悩んだら、それを思い出してみてください。

視覚的な重さ

　物理的な重量はキロやグラムで表しますが、「視覚的な重さ」というのは目から入る印象です。「インテリアには重心が必要」「夏には軽いインテリアがいい」などと言われますが、目にとっての重い・軽いというのは実際にはどんなものでしょうか。

　インテリアコーディネーターやスタイリストがよく「重い」「軽い」と呼ぶものの例を挙げてみます。

重い	軽い
大きなアイテム	小さなアイテム
暗い色	明るい色
高コントラスト	低コントラスト
温かな色合い	冷たい色合い
部屋の角や端にあるアイテム	部屋の中心付近にあるアイテム
対角線	水平ライン
複雑な形	シンプルな形

　視覚的な重さは、リーディング・ラインと同じように、あえて部屋のどこかを強調し、あなたが望む方向に視線を導いてくれます。明るい色の部屋にフォーカルポイントがほしいなら、目が惹きつけられるのは暗い色のアイテムでしょう。構図の中に似たようなアイテムがいくつもあって、その中のひとつにフォーカスしたいなら、それをいちばん外側に配置するという手もあります。

　スタイリングに「視覚的な重さ」を活用している人たちは、うまくいかない部分を「正反対のもので補うことで、目の錯覚を生じさせる」手法も使っているようです。科学的根拠があるのかはわかりませんが、だだっ広くて空虚な印象を和らげるために、大きくて視覚的に重い家具を選ぶというのは一理あります。大きく広々した空間には、密度の高いアイテムのほうがしっくりくるからです。透け感のある布やガラスの家具とは違った雰囲気をつくってくれます。

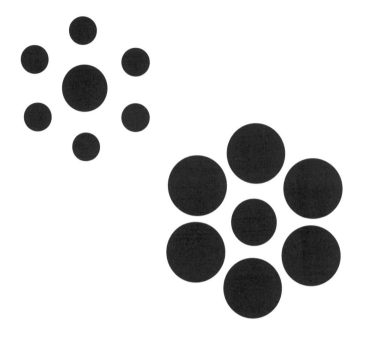

目の錯覚：中央の円はどちらも同じサイズに見える？　同一の円なのに、囲んでいる円の大きさによって、サイズが異なって認識されます。

　小さな狭い空間に暮らしているなら、逆に軽やかなテキスタイルや家具で窮屈な印象をぬぐいさりましょう。見た目が軽やかという意味で、実際の重さではありません。

　狭い住居に住むときは、シンプルなデザインや涼しげで明るい色のインテリアで五感をだますこともできます。濃い色の複雑な模様は、大柄で重い印象を与えます。

アンカリング

　バランスがうまくとれていないと感じる部屋や一角があるなら、家具のレイアウトやグルーピングに錨があるかどうかを考えてみましょう。「アンカリング（anchoring）」というのは、スタイリングしたい部屋や一角に視覚的な重心があることです。ただし、アンカリングポイントとフォーカルポイントを混同しないように注意してください。

　部屋のアンカリングポイントは、インテリアの中でまず目がいく点でなくていいのです。視覚的な錨として、重みと安心感を生み、あなたが望む場所に注目が導かれるのを手伝います。例を挙げてみましょう。たくさんの印象にあふれた大きな部屋には、大きなラグが必要になります。それが家具をすべてとりまとめ、部屋を落ち着かせてくれるのです。「部屋の底」となる大きなラグが明確な土台になってくれるおかげで、インテリアがごちゃごちゃしません。あなたが選んだフォーカルポイント（絵画やランプでしょうか？）からも注目が奪われずに済みます。視覚的なアンカーが、他の家具との調和をとり、印象をまとめてくれるからです。

　そのことを念頭に置いて、自分のインテリアを分析してみてください。あなたの家具の視覚的な重さはどれも同じようなものですか？　それとも各部屋に明確なアンカーとなるアイテムがありますか？　部屋によっては、自然に存在するでしょう。キッチンならダイニングテーブル、リビングならソファ、ベッドルームならベッドというように。でも自然なアンカーがない部屋についても考えてみてください。たとえば、玄関には印象的なチェスト、仕事部屋には大きな本棚、バスルームにはどっしりした洗面台を揃えると、そこが視覚的な重心になり、それより小さなものはのんびりと水面に浮かんでいられます。

　物がたくさんある構図も、底にはっきりした重心が必要です。大きな花瓶のように視覚的に重く見えるもの、そういうものが構図の下部に必要なのです。同じように、本棚であれば大きな本を下のほうに集めたほうが、落ち着いて調和のとれた雰囲気に仕上がります。

　部屋の色を決めるときは、自然界の配色を参考にするとバランスがよくなります。いちばん下に色の重心がくるようにして、軽いニュアンスの色は上。床は土（暗い色）、天井に近づくほど空（明るい色）をイメージして。

奇数の法則

　インテリアのスタイリングは安定したバランスが命ですが、飾りつける段になると
まったく逆の経験則があります。「奇数」のほうが、人間の興味を引くのです。脳が
なんでもペアにしたがるせいだと聞きます。うまくペアがつくれないと、混乱するか
ら。他の説では、3つあると自然に真ん中のアイテムが中心になり、注目を引きやす
くなるというのもあります。

　どれが正しいにしても、「奇数」はインテリアコーディネーターの間で非常に一般
的なアプローチです。

　この法則は写真や建築にも広く使われていて、家具の配置からアイテムのグルーピ
ングにまで適応されています。「3の法則」と呼ばれることもあり、本質をなかなか
よく捉えた名前だと思います。とにかく、偶数を避ければいいのですから。

　だから、何かを集めるときは3、5、または7個で。そうすれば、目を引くような構
図になります。行きづまったときには、ぜひ試してみて。

「コントラスト」と「並列配置」

　スタイリングを成功させるコツは「コントラスト」にあるとも言われています。コ
ントラストに欠けると、部屋がありきたりで平坦に感じられるから。コントラスト効
果は、スタイリングに躍動感を出すための最高のテクニック。すでにあるものに逆の
要素をいくつか加えると効果があります。では、どうやったらコントラストが生まれ
るのでしょうか。

　ひとつのアプローチとしては、あえて横に並べて置くこと。つまり対照的なアイテ
ムや家具やテーマを2つ横に並べるのです。そうすることで違いが強調され、目を引
きます。艶ありと艶消しのような正反対のフィニッシュ（表面仕上げ）を並べたり、
同じ部屋にラスティックなインテリアとモダンなインテリアを混ぜてもよいでしょう。

　このアイテムと正反対のものは？　このフィニッシュの正反対は？　そんなふうに
考えて、コントラストをつくります。

インテリアで使える
コントラストの例

硬い	やわらかい
直線	曲線
角ばった	丸みを帯びた
暗い	明るい
ごわごわ	しなやか
艶消し	艶あり
大きい	小さい
ぎゅっと詰まっている	透けている
無地	柄
温かい	冷たい
背が高い	背が低い
ざらざら	なめらか

正反対のスタイルでつくるバランス

　異なる素材やフィニッシュを組み合わせるだけでなく、真逆のインテリアスタイルを並べてコントラストを出すこともできます。家のタイプや個性に合うものだけを選ばずに、意図的に真逆のスタイルを取り入れることで、お互いを際立たせるのです。アンティークの戸棚の横にモダンなアームチェアを並べれば、新しい家具を2つ並べるよりも、まったく違った形でそれぞれの個性が引き出されます。2つ並べるというテクニックは、木製のレリーフがふんだんに施された19世紀末の邸宅をタイトに引き締めたり、天然の魅力に欠ける角ばった新築の家に温かみを与えてくれます。

　異なる時代のスタイルを混ぜるコツは、共通点を見つけること。色でも素材でもいいのです。丸テーブルの周りにばらばらの椅子を10脚置くときも、全部黒で揃えたり、同じ樹種で揃えたりするほうがまとまりが生まれます。

　ただし、このようなコントラストを試すときには、家具でやってみてください。歴史的建造物を改造すると、家の価値が下がる危険があります。また、登録文化財や規制の厳しい地区に含まれている場合も、間取りの変更や改築の許可が出ないことがあります。でもそれなら、家具や壁紙を変えればいいですよね。

　人間がいちばんはっきり認識するのは、明るさと暗さの違いだと言われています。壁を暗い色に塗り直すなら、よく考えて。照明のスイッチプレート、コンセントカバーや壁付けのラジエーターヒーターが白いままだと、暗い色の壁とのコントラストで急に目立つようになります。

質感と手触り

　色と形が部屋の印象を左右するのは誰でも知っていますが、意外と気づかないのが、フィニッシュや素材も同じくらい全体の印象に寄与していることです。

　部屋が同じような色のトーンやグラデーションになるのは避けても、アイテムの表面素材がいたるところで同じでもそのままになっていることが多いのです。MDF〔木質繊維を原料とする板〕やパーティクルボードの家具が爆発的に増えました。値段も手ごろで手に入りやすく、誰でもインテリアアイテムを揃えられるようになったのは素晴らしいことです。ただそのせいで、モダンな家の多くがフラットで硬い印象になっています。特に、それ以外の表面素材のない家は。部屋に活気がないと感じている人は、それが理由ではありませんか？

　必ず異なるタイプの素材や質感をもつ表面を取り入れるようにしてください。単調で冷たいアイテムを、自然な表面素材で包むのです。ざらざらしたもの、やわらかいもの、ふわふわ、つやつや、ざらざら、織ったもの、編んだもの、古びた趣のあるもの、ラスティックなものなど。

　なお、質感には主に2種類あります。手で感じる質感と目で感じる質感です。

手で感じる質感（物理的な質感）

　表面が平らではなく、目を閉じていてもそれを感じることができます。毛がカールしたシープスキンのラグを撫でたときや、毛足の長いやわらかなラグの上を裸足で歩いたりしたときの感覚を思い出せますか？　神経科学デザイナーのイサベル・シェーヴァルによれば、人間が手触りのいい素材を好むのには生理学的な理由があるそうです。やわらかいブランケットをまとったり、肌触りのよいシーツに包まれたりすると、オキシトシンというホルモンが刺激され、心が落ち着くのです。

目で感じる質感（光学的な質感）

　目だけで体験する質感です。凹凸のある表面を写した写真は、実際には完全にフラットでも、目の錯覚で凹凸があるように見えます。

　部屋の光も、目から入る質感に影響を与えます。表面に凹凸があるものは、光の当たり方でさまざまな影ができます。それによっていくつも違った「手触りの質感」が生まれ、部屋に命を吹きこみます。一日の日光や照明の変化で、部屋が姿を変えていくのです。

ザラザラで凹凸のある表面

－ 光をあまり反射しないので、実際よりも色が暗く見える

－ この質感の面が多いと、部屋にやわらかみと温かさが生まれる

－ 粗い表面はラスティックな印象

フラットで艶のある表面

－ 光を反射するので、実際よりも色が明るく見える

－ 艶のある面が多いと、部屋が硬く冷たく感じられる

－ 艶のある面はモダンな印象

インテリアの質感の例

質感でコントラストをつくるのも、インテリアに深みを出したいときに便利なテクニックです。部屋がどうにもフラットで途方に暮れているなら、質感が何種類あるか数えてみて。おそらくもっとバリエーションが必要なのでは？　以下を参考にしてください。

- 込み入った素材のラグ（たとえば毛足の長いもの）
- シープスキン
- リネンのように自然なしわのある素材のカーテン
- ふわふわのやわらかいブランケット
- 織り物や洗いざらしのリネンといった自然な素材
- ガラスの花瓶
- 手づくりの陶器
- 木目がわかるような無塗装の家具や雑貨

粗い質感の大きなラグは、同じ素材の小さなクッションよりもずっと強い印象を与えます。表面の大きさが、その質感の印象の度合いを変えるのです。

シンメトリー（左右対称）

　中心で分けたときに、左右が鏡に映したような状態のことです。インテリアの世界では、アイテム2つをセットにしたり、リピートさせてバランスをつくったりします。ひとくちにシンメトリーといってもいくつか種類があります。

- **鏡像対称**：もう一方が鏡に映ったような状態。例：蝶の羽。これはよくベッドルームで使われます。まったく同じベッドサイドテーブルやランプを、ベッドの両サイドに置きます。なお、鏡像対称は垂直にも水平にも使えます。

- **回転対称**：中央を軸にして、回転させたもの。例：星形や、丸いラグに繰り返される柄など。丸い家具をコーディネートするときには、放射状のバランスに気をつかいます。中心点または中心軸を基準に、円形のテーブル、円形のランプ、円形のラグというふうに組み合わせていきます。そこに長方形のラグや長細いランプを混ぜると、見る角度によって形も変わるし、線が途切れてしまいます。

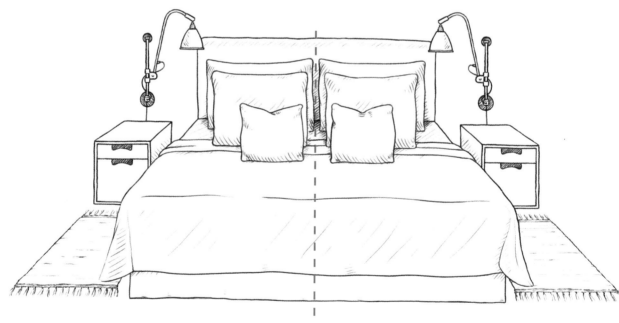

鏡像対称：ベッド周りで使われることが多い。同じベッドサイドテーブルやランプを両側に置くと、落ち着いた雰囲気と調和のとれたバランスが生まれる。

－ **並進対称：**「平行移動」とも呼ばれます。模様や形が等間隔で繰り返されるシンメトリー。例：
並木道、壁紙の模様、格子模様の床、タイル張りの壁。

　シンメトリーには、形の違ったインテリアを規則的に見せる、スタイルの迫力を増す、という効果があります。対になったランプ、クッション、燭台、椅子、窓に吊るすペンダントライトなどは、クラシックでエレガントなインテリアによく取り入れられ、ディテールと刺激に満ちたマキシマリスト的なインテリアには落ち着いた雰囲気を与えます。

放射状のバランス：丸いテーブルには、丸いランプが似合う。回転対称や放射状のバランスを使うと、どちら側に座っても、どの方向から見ても、同じ構成に見えるからも。

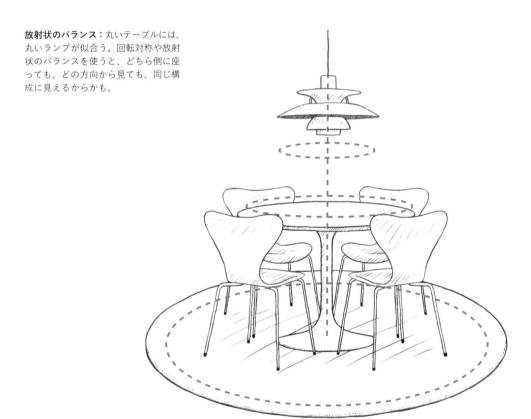

アシンメトリーとFUKINSEI、WABI SABI

　西洋ではシンメトリーがバランスを支えてきましたが、東洋ではその逆です。構図の不規則性とアシンメトリー（非対称）によってバランスをつくっています。

「わび・さび」は日本の美とインテリアのコンセプトで、ありのままの中に美しさを見い出すこと。完璧でないものを賛美し、生まれてから朽ちるまでの循環に美しさを感じるのです

「不均整」は禅における美の7原則のひとつ。非対称または不規則という意味で、「非対称のバランス」とも呼ばれます。あえて不完全なものを、直線や完璧な表面に組み合せるテクニックは、洗練されすぎた新築物件にも効果的です。そういう物件を完璧な家具や幾何学模様の壁紙でシンメトリーにコーディネートしてしまうと、直線や硬さがますます目立ち、問題を解決するどころか強調してしまいます。その代わりに自然で不規則なもの、有機的な形、アシンメトリーな模様を取り入れると、まったく違った印象になります。

　このアプローチは、完璧すぎてよそよそしい家につける薬になります。かっちりとしたインテリアに古びた趣のある家具を足してみると、アットホームでくつろげる雰囲気に。傷や汚れが気になって使うのが怖いような家具よりもね。

実例

　インテリアに取り入れるとよい「不規則」と「アシンメトリー」の例です。あなたも何かアイデアを思いつきますか？

- 天然素材やざらざらの表面、あえて磨きをかけていないものやいびつな形のものをスタイリングに取り入れて。美しい石や枝など。
- 手づくりの陶器や工芸品など、不規則な形で雰囲気を変える。
- 大理石や石灰岩など、自然の中にある不規則なストラクチャーやパターンの素材を取り入れる。
- それ自体に自然な動きのあるものを取り入れる。長い毛足のラグ、不規則な柄のラグなど。
- アシンメトリーで有機的な柄の壁紙やテキスタイルを選ぶ（繰り返しやシンメトリーな模様の逆）。
- 筆の躍動感を感じるような絵画を飾る。大胆な絵柄や鉛筆画や家族の油絵などを、緻密なデジタルプリントと合わせるとわくわくするようなコントラストに。
- フレームは左右対称ではなく、不均等に飾る。

比率とサイズにバリエーションを

　インテリアのコーディネートでいちばんよくある間違いは、比率とサイズバランスを気にかけないこと。考えてみれば、そうではありませんか？　ソファにはまったく同じサイズのクッションがずらり。同じサイズのランタンや植木鉢。それでは躍動感は生まれません。単調な繰り返しばかりで、最悪の場合、居心地の悪いこわばった印象を与えかねません。

　たいていは、その繰り返しを途切れさせるようなアイテムを投入すればよくなります。かといって、わざわざ不規則なアイテムや大胆なアイテムを用意する必要はありません。すでにあるものの比率を変えるだけでいいのです。背丈の高いもの、低いもの、幅の広いもの、幅の狭いもの、大きなもの、小さなものなどを考えてみてください。たとえば、ソファのクッションのサイズをバラバラに。すべて50×50㎝で揃えるのではなく、3種類のサイズにしてみます。同じようなサイズの植木鉢ばかり床に並んでいるということであれば、ひとつは巨大な鉢や大きく茂った植物を買ってみましょう。壁に、びっくりするくらい小さな絵をかけてもいいですね。こんな微調整でも、全体の印象が大きく変わります。

余白のプランニング

　インテリアを考えるときには、つい物を置く場所ばかりプランニングしがちです。しかし英語で言うところの「ネガティブ・スペース」つまり「余白」も同じくらい大事。家具や物を置かない床や壁のスペースのことです。あなたの家には通りみちも絶対に必要なのですから。

　インテリアに取りかかる前に、全体の印象を心地よくするためには、部屋のどの部分を風通しのいい状態にしておくか、意識的にプランニングするようにしましょう。音楽にもゆるやかなつなぎの部分があるように、インテリアにも、異なるリズムの間を取りもつ存在が必要です。それがあれば、全体がストレスフルな雰囲気になったり、単調さで停滞したりすることがありません。つまり「余白の配置」は、家具の配置と同じくらい、全体の印象に関わってくるのです。

　物がたくさんある濃密なスタイルが好きな人でも、テンポを変えるために、何もない通りみちが必要になります。あなたの家はどうですか？　考えてみてください。バラバラにアイテムを散らすのではなく、1か所にまとめるといった作業は必要ありませんか？　物を減らすことでよくなる部分はありそうですか？

　余白のプランニングは、インテリアを考えるときにまず最初にすることではないかもしれませんが、全体的な調和をとり、適度に刺激のある印象をつくるにはどうしても必要なことなのです。

実例

- 絵画を1点だけ飾り、その周りに大きな余白をつくる。一見すると控えめで小さな絵画も印象が強まります。
- アートのような照明に焦点を当てたければ、柄の壁紙やフレームを飾った壁よりも、無地で飾りけのない背景を用意するほうが美しくなります。
- 部屋の中の自然光を生かすような余白をつくる。ミニマリズムでは、部屋に美しい影や光が差すのを愛でるための余白をつくります。
- ある1面だけわざと物を置かない。その余白の周りのアイテムと一緒になって、視覚効果を生みます。

フローチャート／家庭内の動線

　家のインテリアを考えるとき、住まいの中にどんな動線があるかを考えるのもいい
アイデアです。普段、どの点からどの点によく移動しますか？　いちばんよく過ごす
場所は？　狭すぎる通りみちはある？　もっと大勢のためのスペースが必要なのはど
こ？

　簡単な方法があります。家を契約する際に管理人や不動産業者からもらった図面の
コピーをとり、家族が日々どんな動きをしているのかを描き入れてください。どの部
屋・場所の構成に問題があるのか、家具やインテリアに一定の条件を設けないといけ
ないのはどこか、どの空間なら自由に遊べるのかが一目でわかるはず。スペースをと
る物を置いてはいけない場所や、人が動きやすく使いやすい家具の配置も見えてくる
でしょう。

家の図面に日常の動線を描き
入れれば、家のどの部分に人
通りが多いかもすぐにわかる。

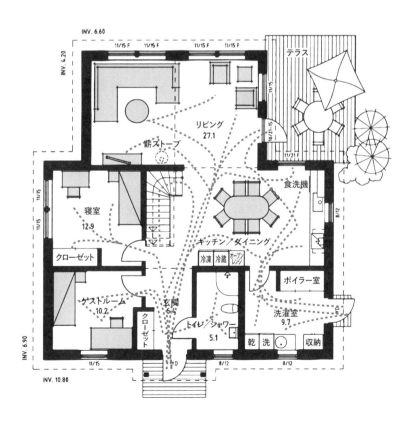

43

部屋の出入口によって、部屋の中は自動的にゾーニングされます。家具を配置するときには、そのことも念頭に入れておきましょう。部屋のどこにゾーンができるのか、ドアがどこにつながっていくかによって、多かれ少なかれ人通りのある動線が生まれます。そんな通りみちの真ん中にソファを置いたり、部屋を横切るための自然な動線をさえぎったりはしたくないですよね。各部屋の入口に印をつけ、その間を移動するための動線を引いてみてください。変更したほうがよいゾーンがあれば、それが見えてきます。

　ビジュアル・マーチャンダイジングの世界では、店舗に入ってすぐのエリアを「着地点」と呼んでいます。顧客が速度を落として、室内の様子を把握するための移行エリアだからです。

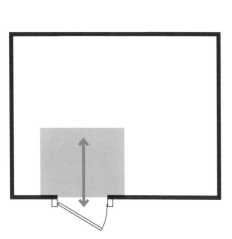

ランディングポイント：入口を入ってすぐのエリア。そこで立ち止まり、部屋の中の様子をうかがいます。

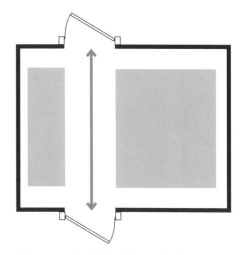

通りみち：一部屋に複数の出入口がある場合、部屋の中は複数のゾーンに分かれます。

店舗と同じアプローチとテクニックを、自宅でも使ってみましょう。部屋と部屋の間の「移行ゾーン」では、ドアや通りみちのまわりに少し余白を残します。その場合、フォーカルポイントは部屋の少し奥に。もしくは、即座にぱっと目がいくようなアイテムで、部屋に入ってきた人の足を止めます。

いろいろな種類の動線

インテリアを考えるときには、家の中をどう移動するかだけでなく、なぜその間を移動するのか、そこで何をするのかまで突きつめます。そうすることで、問題があるかもしれない部分や狭すぎるエリアを見極めることができます。あなたのプランニングにも役に立ちそうですか？

物流の動線: 食料品を運びこんだり、ごみを捨てたりといった日々の作業。どのように家に出入りしていますか？ 家具の配置を変えることで、改善できそうなことはありますか？

家事の動線: 部屋の中で、各作業ステーションの間をどのように移動していますか？ たとえばキッチンのシンク、コンロ、オーブン、冷蔵庫の間。効率的な配置になっていますか？

家族の動線: 一日の中で、どのように各部屋を移動しますか？ いちばん長く過ごす場所は？ 2人以上が同時に使う通りみちはありますか？

ゲストの動線: ゲストは玄関から廊下、そして共有スペースであるキッチン、ダイニング、リビング、ゲスト用トイレへどう移動しますか？ その動線はプライベートエリアと重なりますか？ 重なるなら、どう対処しますか？

アイソヴィスト（可視領域）

　建築業界には「アイソヴィスト（可視領域）」という概念があり、ある地点から見える景色や視界のことを指します。そこに立ったときに、「どのくらいの範囲が見えるか」を考慮に入れるのです。

　周囲の状況を把握し、それを元に行動する。それは人間が生き延びる上で重要なことでした。だから部屋の中で、いちばんアイソヴィストの大きい地点を把握する能力にたけているのかも。そうやって、いちばんいい視界や景色を確保するのです。同じく、いちばんアイソヴィストの少ない地点、つまり視界の狭い安全な場所（＝隠れ家）も大切です。

一般的に、人間は脳にちょうどいい負荷をかける環境を好むと言えます。
──カタリーナ・ゴスピック
（脳科学者）

　脳科学者のカタリーナ・ゴスピックと神経科学デザイナーのイザベル・シェーヴァルは著書の中で、アイソヴィストの生物学的な側面を考えると、部屋には「視界のよい地点」と「守られたコーナー」があるほうがいいと述べています。確かにインテリアデザイナーは絶対にソファの背を入口に向けて配置しないし、ベッドルームでベッドの頭側を入口に向けることもありません。

　最近の間仕切りの少ないオープンな間取りでは、すべての家具の配置にこのアプローチを当てはめるのは難しいですが、それでもソファやテーブルの席のほとんどを部屋の入口や通りみちに背を向けないようにすることは可能です。家具というのは方向を変えても使えるものですから。アイソヴィスト、それに「隠れ家」も必要だというロジックでインテリアを考えるなら、オープンな間取りの部屋こそなおさらそのニーズがあるわけです。人工的に巣をつくってあげましょう。背の低い本棚や床置きの鉢植えなどで低い間仕切りをつくれば、守られている安心感と視界の両方を確保できます。

収納は「2:8」ルール

　この本でどんなテーマを扱ってほしいか、ブログの読者に意見を募集したところ、1位に挙がったのが「収納」でした。わたし自身が非常に恩恵を受けたのが、収納エキスパートのウェイ・ルーが「2:8」と呼ぶ法則です。持ち物の80%を隠し、20%は見せる。そうすることで、家の中の視覚的ノイズを最小限に抑えられます。このアプローチでは出し入れしやすい機能的な収納が、収納問題解決の手がかりになります。収納が家の中の動線沿いにくるように戦略的に配置を。全体を把握するために、まずは図面に各部屋の収納を描きこんでみましょう。家のどこにありますか？　その収納に扉はついていますか？　どのように配置されていますか？　「見通し線」上（p. 52参照）には、扉のないオープン収納はなるべく避けましょう。複数の部屋の印象を損なってしまうおそれがあります。

　図面に描いてみると、収納が家全体に均等に分散しているかどうか、どこに多くてどこに足りないのかが明確になります。マーカーペンを2色使って、扉のある収納とオープン収納を色分けしましょう。収納スペース自体が足りないのか、扉つき収納とオープン収納の割合が問題なのかが見えてきます。

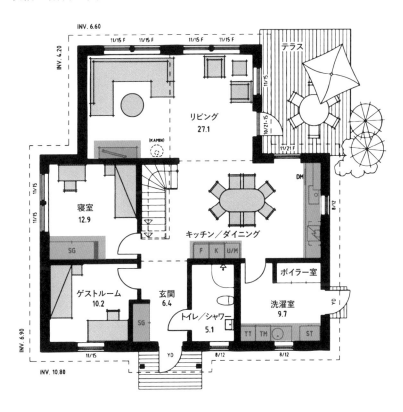

東西南北

　家のインテリアを考えるときは、部屋がどの方角に面しているかも考慮しましょう。建築家は設計の段階でそれを視野に入れています。日中どのように自然光が入るかで、土地のどこに家を建てるかを計画するのです。建築ルールや周辺の建物、土地の段差等の影響を受けることもありますが、方角にはそれぞれに長所と短所があり、部屋がどういう用途に向いているかが決まります。どの部屋を何に使えばいいのかがはっきりしない住まいに引っ越すなら、方角が及ぼす影響を知っておいてください。ベストな条件で部屋を使い、快適に暮らすことができます。ここでは北半球を前提にしています（南半球の場合、逆になります）。

　涼しい部屋で眠るのが好きなら、ベッドルームを西向きにするのはよくありません。西日が強く、午後は焼けるように熱くなります。朝が弱い人は、ベッドルームを東向きにして朝日で目覚めるように。日中に入ってくる光の量は、周囲の建物にも影響されます。日光をさえぎるような高層の建物や陰をつくる森のすぐ脇に住んでいる場合、影響も変わりますが、各方角の特徴は知っておいたほうがよいでしょう。

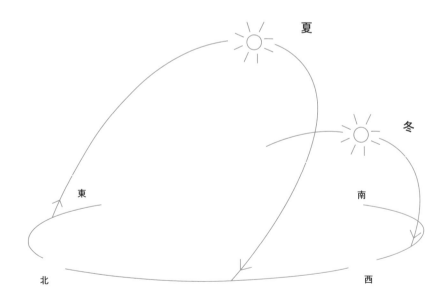

北

　北向きの部屋は、暗くて涼しいものです。夏には早朝と夕暮れに日が差しこみますが、それでも充分な自然光を確保するのは難しいでしょう。つまり、北に面した部屋こそ照明が重要。この部屋は自然光の色も冷たいので、淡色が強調され、白い壁が青や紫がかって見えます。

東

　太陽は東から昇るので、朝および午前中に自然光が入ります。夏には心地よい暖かさで、冬にはすぐ冷えます。

南

　南側は通常、朝から夕方まで長く日光が差しこみ、時には強すぎるほどになります。カーテンやブラインド、オーニングなどで日よけを確保することが大切。影をつくって室内の温度を下げるだけでなく、家具や床の日焼けを防ぎましょう。南向きの部屋は通常、北向きの部屋よりも壁の色が明るく感じられます。

西

　西側の外壁は天候の影響をもっとも受けやすく、風化や消耗が避けられません。午後から夕方にかけての強い日差しで、建材が乾燥する可能性もありますし、家具や床の色にも影響します。一軒家に住んでいる場合は、家の西側を覆うように樹木を植えたり植え込みをつくるか、寝室なら遮光カーテンをつけるとよいでしょう。

全体をうまくまとめる
ための思考ツール

　わたしが思う「全体がきれいにまとまったインテリア」というのは、すべてのパーツが心地よく収まり、そこに一貫性があること。小物の一つひとつまでが繊細に完璧にマッチしていなくてもいいのですが、誰かがきちんと考えてつくった家にはそういう雰囲気が出るものです。ただ、自然にそれができてしまう人もいれば、手助けが必要な人もいます。この章では、どうしても全体がうまくまとまらない、「赤い糸」が見つからないと感じている人のためのアプローチやヒントを集めました。

「見通し線」と「軸性」

　建築家が家やインテリアを設計するとき、「見通し線」つまり「何が目に入るか」を意識します。見通しのよい家、つまり一目で複数の部屋が目に入る家は、広さとボリュームを感じさせてくれます。これはインテリアデザイナーにとっても重要な概念です。最近の住まいは一度に複数の部屋を見渡せてしまうことが多いですから。住宅の研究では「軸性」についても論文が書かれています。これも家に計り知れない価値を与えてくれる要素で、家が快適に感じられるかどうかを左右します。軸というのは2か所の点をつなぐ線のことで、インテリアの場合、二部屋もしくはそれ以上の数の部屋を通る線のことです。つまり見ている人は、一部屋だけでなくそのエリア全体からの印象を受けるのです。インテリアが隣の部屋ともまとまりがあり調和していれば、全体の印象が心地よくなります。だからインテリアを計画するときには、いったんズームアウトして、全体を見つめるのが大事。視野を狭くして一度に一部屋だけ見るのはやめましょう。

　はっきりした「見通し線」のない家もあるかもしれません。その部屋が、他の部屋とはオープンにつながっていないこともあるでしょう。それでも覚えておくといい概念です。どんな住まいでも部屋と部屋の間は移動するし、通り抜けますよね。次の部屋に入っても、前の部屋の印象を引きずっているものです。

チェックリスト

- 家に入ったとき、玄関以外にどの部屋が見えますか？

- あなたの家の間取りだと、どこに見通し線がありますか？

- 普段ドアが開いたままで、つながっている部屋はありますか？

- いまコーディネートしている部屋は、どの部屋を通って入らなければいけませんか？

- 「見通し」には家の外も含まれます。色やインテリアを決める手がかりになったり、配慮し
  なければいけない要因はありますか？　窓越しに見える森、レンガや銅板の屋根の色など、
  あなたの見通し線の終点になっているものです。

あなたの家では、どの部屋が
同時に目に入りますか？　間
取り図のコピーに見通し線を
引いてみましょう。どの部屋
のインテリアにまとまりをも
たせれば全体が調和するのか
がはっきりします。

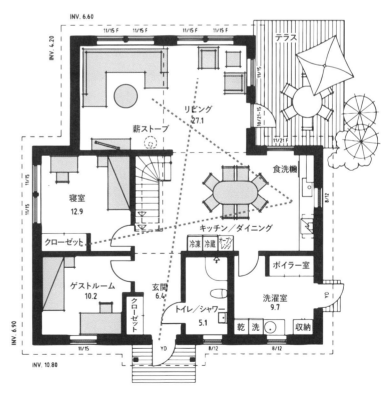

赤い糸〔一貫したテーマ〕

　ギリシャ神話では、英雄テセウスがアリアドネーからもらった「赤い糸」をたぐってミノタウロスの迷宮から脱出しました。いまでもスウェーデン語では、スピーチや講義の途中で話題がずれてしまったときに「糸を落とした」と表現します。逆に、インテリアデザイナーやスタイリストは家じゅうに糸を引いて回っているようなもの。決めておいたテーマを浸透させ、部屋やフロア全体にまとまりをつくるためです。「赤い糸」はその名が示すように色で構成される場合もありますが、赤でなければいけないわけではありません。青や緑、その他どんな色でもいいのです。隠喩のような漠然とした手がかりでもOK。昔流行って最近また注目されている素材とか、木の種類、形のディテールなどが、各部屋に現れて全体を結びつけるのです。

繰り返し

　インテリアを構成するときによく使われるのが「繰り返し」のテクニック。同じ要素をあちこちで繰り返すと、インテリアにまとまりが生まれ、きちんと考えられた印象を与えます。このテクニックは単に特定の色、形、質感、ラインやディテールを、意識的に家の中のあちこちでリピートすればいいだけ。「繰り返し」は整然とした印象を生むので、マキシマリズムなどの雑然としがちなスタイルに取り入れるのもおすすめです。

徐々に変化させる

　ユーロビジョン・ソング・コンテストに出てくるようなポップなヒット曲は、作曲家があえて曲を転調させています。サビのメロディーを別の調で繰り返すのです。このテクニックは、あなたのインテリアも大きく成長させてくれるはず。サイズや強さを徐々に変化させていけばいいだけ。同じデザインのろうそく立てなら高さを変えたり、テーブルを大中小と段階的にサイズを変えたり、色のグラデーションを徐々に変えていくのです。

「驚き」と「体験」の架け橋

　あなたがいちばん好きな色やインテリアのテーマ。それをはっきり見せたければ、一部屋にひとつとか、見通し線上にひとつあるだけでは足りません。わたしが身につけたテクニックを紹介しましょう。新しい知識や経験を印象づけたければ、まず「わあ！」と驚かせ、それから「なるほど！」と体験させること。それをインテリアに置き換えるとどうなるでしょうか。まずは、家の中で自分やゲストが立ち止まる「着地点」を見つけましょう（玄関、リビングの入口、廊下など）。次に、「三角構図」のアプローチ（p. 25）を思い出して。見通し線上に「赤い糸」を少なくとも3か所は設定します。線の始点と終点をつないだ軸で考えると、まず目に入る赤い糸（始点）は、その人のすぐそばにあるのがよいでしょう。そこで「わあ！」と驚かせるのです。次に、視界の奥にちらりと見えている物に、「あれ？　もしかしてこれ……」と思うような「なるほど！」を用意するのです。さらにその間に「わあ！」と「なるほど！」のテーマをつなぐさりげない架け橋をかけます。これで「わあ！」「なるほど！」と、その「架け橋」が完成です。

　具体例を挙げてみましょう。部屋に入ってまず目を奪われるのは、壁と天井にあしらわれた淡いグリーンの美しさ。「わあ！　なんて素敵なグリーンなんだろう！」それからドアの内部に視線がいき、ある絵画がすぐに目に留まります。美しいグリーンのトーンの絵が、見通し線の先の壁にかかっているのです。その瞬間、この家の主が、なぜグリーンというユニークな色合いを選んだのかがわかります。絵画の中のフルーツとアンティークボトル。「なるほど！」美しいグリーンのパレットは壁や天井だけでなく、「架け橋」にあたる天井のランプシェード、テキスタイル、ソファのクッション、椅子の座布団、ソファの柄などにも繰り返し現れます。部屋じゅうが「わあ！」と「なるほど！」にシンクロしているのです。

インテリアをつなぐ要素
－共通のカラー、またはなじむカラーのパレット
－繰り返し現れる素材
－一貫した樹種
－共通したテーマやディテール。アート、あなたの趣味、打ちこんでいるスポーツなど
－各時代のインテリアのスタイル、その家が建てられた当時の建築様式
－同一のデザイナーや、同一のデザインスタイル

家の歴史を取り入れる

　リノベーションのために建材や家具を選ぶときには、家が建った時代も考慮してみてください。スウェーデンのインテリアデザイナーたちは、よくその重要性を熱く語ります。もちろんやみくもに従う必要はありませんが、確かに一理あるのです。時代を考慮したほうが、仕上がりに調和が生まれます。インテリアを決めるときには、家のもつ基本条件や個性を尊重する。特に、キッチンやバスルームなどを大がかりに改装する場合はそう思います。

　ファッションでも同じですよね。世間で何が流行っているかで服を選ぶよりも、自分の体型に合ったものを選んだほうが、簡単なのによく似合います。

　わたしがよく思うのは、外観と内装を別々のユニットとして見ないほうがいいということ。インテリアのどこかに建築様式を取り入れると、全体の調和がきれいにまとまります。家の歴史は「赤い糸」として使えるだけでなく、家具、建材、ディテールを選ぶときの参考やインスピレーションにもなります。ここから、いろいろな表現が生まれます。建てられた当時の色使いや壁紙の模様だけでなく、建築様式や活躍したデザイナーもインスピレーションを与えてくれます。一軒家でもアパートでも、建てられた時代のことを少し勉強してみるのは、「赤い糸」探しの貴重なチャンスになりますよ。

　ある時代の様式を取り入れるといっても、厳格に当時の手法でリノベーションしなさいとか、タイムトリップしたようなスタイリングにしなさいとかいうわけではありません。その時代の特徴をよく表したディテールを取り入れるだけで充分。少し考えてみてください。どんなインスピレーションが湧いてきますか？　あなたなら、当時の雰囲気を現代的なソリューションの中にどのように組みこみますか？　どんなパーツや素材、形に心を惹かれ、取り入れたいと思いますか？　現代の暮らし方を考えると、妥協できない機能は？　そしてどうすれば、あなたの家にそのふたつの時代の魅力を融合できるでしょうか。

建築家のように考える

　タウンハウスに引っ越した当初、わたしは家の外観や歴史に興味がありませんでした。インテリアの問題点を解決するので精いっぱいだったんです。音の反響は気に障るし、スタイリングが難しい窓とも格闘していて、建築自体に注意を払う余裕はありませんでした。そんなとき、前の所有者が残していった家の資料と、この住宅地の開発計画書を見つけたのです。まるで宝箱を開いたような瞬間でした。ページをめくるごとに、建設会社や建築家たちがどのように考え、どこからインスピレーションを得たのか、なぜ特定の要素が建築の中に繰り返し出てくるのかが理解できました。

　資料を最後まで読み切って、よくわかりました。1930年代の機能主義様式^{ファンクショナリズム}が、この区画全体のモデルになっていたのです。「白い巣箱」と揶揄されることもある、縦長の四角い家が建ち並んだ住宅街。「機能住宅^{ファンキス}」という愛称はもちろん耳にしたことがありますが、建築の歴史に興味がなかったので、どういう建築様式なのかを知ろうともしませんでした。わたしは急に好奇心がわき、機能主義様式の全盛期のことを調べはじめました。図書館で本を借りたり、ネットで情報を検索したり。それで急に、何もかも腑に落ちたんです。いままで不思議に思っていたこと——それが新しい意味をもちました。丸い窓、傾斜した屋根、大きなはめごろしの窓、ライムストーンの窓台。なんと、ドアの取っ手までが急に深い意味をもちました。建築家がどんなふうに考え、30年代の機能主義の理想を現代風に解釈したのか。自然の近くで暮らすこと、自然光の大切さ、実用的なアイデア、そんなシンプルさの中にある生活の質——それはなんと、わたし自身の価値観ともつながっていました。この家の個性の意味をつかめたことで、パズルの最後のピースが見つかったのです。2006〜2007年に建てられた家ですが、キッチンを改装するときには1930年代のインテリアをお手本にしました。建築家に敬意を表して。同じ理由で、キッチンは光沢のある白い扉を選びました。当時雑誌やデジタルメディアでは、カントリー調のモールディングの入ったグレーのキッチンが大流行りだったのに。

　あなたにも、こんな体験が待っているかもしれません。家の建築様式や、建築家がインスピレーションを得た時代について詳しく学ぶと、宝箱からイメージがあふれだしてきますよ。

歴史からインスピレーションを

　家や部屋のスタイリングに、建築からインスピレーションをもらえれば、手軽だし楽しいですよ。まるで建築家の眼鏡を借りて自分の家を見ているような気分になります。ただし、建築の歴史や様式の変遷を知らなければ、何から手がかりをつかめばいいのかわかりませんよね。

　家の様式や特徴を知りたいならいい本がたくさんありますが、この章でも時代ごとの外観と内装の特徴をまとめておきます。

　歴史を細かにまとめるのではなく、各年代によく見られた要素を書き出しました。実際には多くのバリエーションがあり、時代と時代の境目も正確に10年ごとではありません。また、説明の一部は一軒家ではなくアパートについてですが、その時代をよく表していると思ったので含めました。試し読みのような感じで、各時代の特徴的なディテールを簡潔にまとめてあります。その中に心惹かれる建築様式が見つかれば、ぜひもっと詳しく調べてみてください。

建築とは、その時代の意志が
空間へと解釈されたものだ。
──ルートヴィヒ・ミース・ファン・デル・ローエ
（1886–1969、建築家）

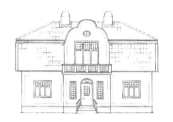

1900年代
アール・ヌーヴォー様式

外観

- **外壁**：粗い漆喰、またはなめらかな漆喰。色は淡色、黄、ベージュ。
- **屋根**：マンサード屋根。赤い素焼きの波形瓦（一山）。
- **窓**：上下に分かれていて、上部は格子状になっている。楕円形の牛の目窓。ステンドグラス。
- **玄関ドア**：格子窓をはめこんだドア。
- **この時代の特徴**：バルコニーと出窓。上部が曲線を描く窓。三角窓。ドーマー窓。フロンティスピース〔玄関部分から屋根にまたがって正面に突き出し、上部にも小さな切妻屋根がついた装飾壁〕。

内装

- **床**：無垢のオーク材またはパイン材のフローリング。リノリウムの床（コルクリノリウム）が模造品として大流行。床はニス仕上げが一般的に。
- **室内ドア**：モールディングの入ったドア。両開きのドア。
- **ドアの取っ手**：優美な曲線を描くハンドル、丸座、鍵穴。真鍮の長座。
- **暖炉**：明るい色のなめらかなタイルを張った暖炉。シンプルなレリーフ。葉や花の柄。
- **壁紙**：波打つような細いライン。スウェーデンに自生する植物のモチーフが使われはじめる。天井の回り縁に沿った太い帯状の壁紙も。地味ではないが、落ち着いた雰囲気のもの。
- **家具**：オーク材のテーブルや椅子に果物のモチーフが彫られたもの。背もたれの高い椅子。椅子とテーブルの脚が小さな玉ねぎのように膨らんだデザイン。
- **照明**：電気照明が一般的になる前は、オイルランプが光源。電気照明があったかどうかは、経済状況と社会階級による。
- **バスルーム**：トイレは屋外に設けられた小屋で、穴の開いた板に座って用を足した。バスタブは鋳物の床置きで、鳥またはライオンの足。床は大理石または石灰岩（セメントタイル）。壁は下半分がタイル、上半分は亜麻仁油を塗った板壁。
- **キッチン**：キッチンの家具はグレーまたはベージュの亜麻仁油の塗料を塗ったもの。白樺の木肌をペイントしたものも人気。カウンタートップは亜鉛または大理石。無塗装の板やオイル仕上げの板も見られた。キッチンの壁はなめらかな漆喰またはパイン材の板壁。壁には扉のない棚板。

1910年代
ナショナル・ロマンティシズム様式

外観

- **外壁**：縦張りもしくは横張りの板壁、家の角を柱で縁取ることが多かった。タールまたは小麦粉原料の水性塗料など、暗い色の外壁。スウェーデンらしい濃い赤の外壁も。角の柱や窓の外額縁は白。
- **屋根**：急勾配の屋根。腰折れ屋根になっていることも。素焼きの波型瓦（一山）。屋根についたドーマー窓。
- **窓**：縦に方立の入った小さな格子窓。窓の外額縁は白、茶、緑などはっきりした色。雨を流すための窓下の板。
- **玄関ドア**：亜麻仁油塗料で仕上げた木製ドア、格子窓つき。
- **この時代の特徴**：古代北欧神話やバイキング時代、または田舎の赤い小屋からインスピレーションを得ている。「大工職人の悦び」と呼ばれる木の装飾が窓枠、玄関ポーチ、ベランダにあしらわれている。フォークロア調の家の理想的シンボルとして、屋根の破風部分に太陽やハートをかたどった装飾。

内装

- **床**：無垢のフローリング。ニス仕上げ、またはリノリウム張り。
- **室内ドア**：立体的な彫りの入ったモールディングドア。
- **ドアの取っ手**：真鍮もしくはクロムメッキ仕上げの鋼。
- **暖炉**：花柄または古代北欧風の柄のタイル張りの暖炉。円柱状のものと角ばったものがある。レリーフのついたくすんだ緑や青の無地のタイルも。上部が狭く下部がどっしりした長方形のタイプが登場。古代に火を囲んで集ったのを連想させるような大きなレンガ造りの暖炉も人気に。
- **壁紙**：タペストリーのような質感の壁紙や、色を塗った木のパネル。壁紙の柄は1900年代と似ているが、よりストイックな模様。
- **家具**：つくりつけの家具やベンチが主流。鮮やかなフォークロア調の色。
- **照明**：クリアガラスのシェード。スウェーデン語で「クロコダイルガラス」と呼ばれるワニのうろこのような形のすりガラスのシェード。「靴屋のランプ」と呼ばれるすりガラスの円錐状のペンダントランプ。
- **バスルーム**：新築には洗面台、化粧台、バスタブのある洗面所。壁は亜麻仁油のパテを塗ってから亜麻仁油塗料で何層にも塗装。床から約1.5mはタイル張り。質素な家では水差し、洗面ボウル、水浴び用のたらいを使用。
- **キッチン**：キッチンの棚は、コバルトグリーンまたは鮮やかなフォークロア調の色。棚の扉には外側にシンプルな留め具がつく。縁が薄くなったタイルが目地なく貼られ、わずかに残る隙間はチョーク、顔料、水を混ぜたもので埋められた。後に白い目地材も使われるように。立派な家では天井回りに帯状の壁紙、付柱も見られた。質素な家では、キッチンに薪コンロがあり暖房と調理を兼ねた。棚は扉がなく、壁には工具や台所用具をかけるためのフック。

1920年代
スウェディッシュ・グレース

外観

- **外壁**：左右対称で、板壁または漆喰塗り。装飾柱、柱頭のついた付柱、漆喰のメダリオン、花綱、デンティル〔ブロックを用いた歯状の軒下飾り〕などが取り入れられた。
- **屋根**：傾斜45度の切妻屋根。素焼の波型瓦（一山）。屋根に小さなドーマー窓。強調された軒。
- **窓**：1階は縦に長い窓があり、窓ガラスは方立の左右がそれぞれ格子で3つに分かれている。2階は低い位置に窓があり、左右とも格子で2つに分かれている。半月形の窓。
- **玄関ドア**：ブラケットで支えた小さな庇、ドアの上の高窓。家の台座部分は漆喰で、壁のない玄関ポーチ。
- **この時代の特徴**：木の柱がついたバルコニー。バルコニーの柵は手すり子のついた立体的な木の柵。銅のデンティル。豪華な家では室内に格天井。この頃、ガレージが普及。

内装

- **床**：ニスまたはソープ仕上げのパインやモミの木の細長いフローリング。その上からリノリウムを張ることも。縁をあしらったオーク材のフレンチ・ヘリンボーン。
- **室内ドア**：ガラス格子がはまった木製ドア。同じ大きさの長方形のモールディングが縦に3つ並んだ木製ドア。シングルドア。
- **ドアの取っ手**：クロムメッキ鋼の鍵穴。ステインで黒く塗った木製のハンドル。
- **暖炉**：セントラルヒーティングが導入され、タイルの暖炉に頼る必要がなくなった。直線的なデザインの大理石のマントルピース。
- **壁紙**：ストライプ、円、階段柄、オリエンタルな柄、花模様。壁紙やテキスタイルは落ち着いた鈍い色調。
- **家具**：スウェディッシュ・グレース〔スウェーデン独自のアールヌーヴォーで、カール・マルムステンなどが一世を風靡した〕。シンプルなラインで、材質はバーチやニレ。
- **照明**：1922年の時点でストックホルムの80%の世帯に電気照明があった。照明器具の数も増え、シーリングランプに加えてテーブルランプやフロアランプも一般的に。
- **バスルーム**：この頃、住宅に水洗便所とバスルームが設置されはじめた。床置きのバスタブは、デザインがシンプルかつタイトに。壁と床は防水のためタイルで覆われ、白いタイルが人気だが色つきタイル（ダークレッド、ダークブルー、グリーン）も。配管は壁に取りつけられていて、トイレの水タンクは高い位置にあった。
- **キッチン**：光沢のある亜麻仁油塗料でペイントした明るいキッチン（ベージュまたはライトイエロー系）が普及。吊り戸棚が導入された。壁のタイルは目地なしでぴったり張ったもの。

1930年代
ファンクショナリズム
機能主義／モダニズム

外観

- **外壁**：立方体のような家。外壁は明るい色の漆喰か、押縁のついた縦張りの板壁。
- **屋根**：平らな陸屋根、スチール板や銅板で覆うことも。
- **窓**：横長で、窓の外額縁はつけないか細いものが多い。格子のない大きな窓。以前は窓を上方向へ伸ばしたのとは対照的に、横の長さを強調。最大限の採光のために角窓を採用し、新時代の構造と建材が秘める可能性を表現。
- **玄関ドア**：ガラスの丸窓がついた木製ドア。
- **この時代の特徴**：土地のどこに家を建てるかは、日中に最大限の光が入るよう計画された。曲線を描くバルコニー。家の角を回って2面にまたがるものが多かった。バルコニーの目隠し板は波板トタン。床とブラケットが目隠し板の下に見えているデザイン。建物のラインが強調された。

内装

- **床**：異なるパターンの挽き板フローリング、無垢のフローリング、リノリウム。
- **室内ドア**：引き戸、模様のないラミネート板ドア。メソナイトが一斉に風靡。
- **ドアの取っ手**：黒いベークライト（フェノール樹脂）、木またはクロム。
- **暖炉**：レンガを明るい色の漆喰で仕上げた少し丸みのある暖炉。
- **壁紙／壁**：なめらかな壁、明るい色の壁紙、ざらざらの漆喰のように見える壁紙。壁や建具は明るい色だが真っ白というのは珍しく、淡いパステルカラーが多かった。
- **家具**：ファンクショナリズム（世界的にはバウハウスが先駆者）。鋼管を使用した角ばった形の家具。ベークライト、クロム、ステンレス、色つきガラス。
- **バスルーム**：簡素ではあるが、現在とほぼ同じ設備。ただ、配管は壁の表面に取りつけられていた。壁はなめらかな白のタイルが主流、もしくは塗装したベニヤ板。床は白黒のダイヤ柄。トイレは低い位置についたタンクが大流行。
- **キッチン**：戸棚の扉の表面はなめらかで、少し丸みを帯びている。両開き扉の中央が内仕切り板と噛み合うデザインで、扉の厚みが3分の1程度に見え、薄く軽快な印象。「ゾウの鼻」と呼ばれる金属の取っ手でカチリと閉まる。ノブはシンプルな形で、引出しの取っ手はスチール。吊り戸棚は天井まであり、その下にもう1列奥行の浅い棚、もしくは引き戸のついた棚。小麦粉や塩などの乾物を入れるガラスの調味料シェルフが、機能的なアイテムとして人気に。鉄格子のついた換気口。

1940年代
「国民の家」建築または「国民の家」機能主義

外観

- **外壁**：押縁のついた縦張りの板壁。黄色、薄いグレー、またはグリーンで塗装。漆喰。
- **屋根**：傾斜が20度のなだらかな切妻屋根。
- **窓**：左右2つに分かれた窓。窓の外額縁は木製。
- **玄関ドア**：表面に凹凸ができるように細い板を何本も縦張りしたドア、シンプルなガラス窓がついている。
- **この時代の特徴**：バルコニーの目隠し板は木製、その下にフロア部分が見えているデザイン。

内装

- **床**：モミの木、オーク、またはビーチ（ブナ）のパーツで組み合わせていく寄木細工の床。無地のリノリウムまたは格子模様のビニール張り。
- **室内ドア**：モールディングのない表面のなめらかなドア。
- **ドアの取っ手**：スチールを白いプラスチックか木材でカバーしたハンドル。鍵穴つきのクロムメッキの長座。
- **壁紙**：淡いパステルカラーで、自然をモチーフにした控えめな柄。
- **家具**：スウェディッシュ・モダン〔ヨセフ・フランクやスヴェンスク・テンなど〕。白木の曲木の家具。ウェビング張りのアームチェア。成形合板、グラスファイバー、ニレ、バーチ。抑えた色。
- **バスルーム**：白い衛生陶器。バスタブはまだ床置きが主流だが、つくりつけのものも登場。壁には釉薬加工のタイル。グスタフスベリ社が温水と冷水を一体化した蛇口を開発。
- **キッチン**：これまで現場で組み立てられていたキッチン家具が、手ごろな価格の標準規格のキッチンに淘汰される。吊り戸棚は下にいくほど奥行の浅いデザインが登場。メソナイト製の引き戸が登場。開き戸は蝶番で留められていた。この頃スウェーデンの住宅のキッチンが大規模に標準化され、カウンターの高さや作業エリアに人間工学が取り入れられた。

1950年代
戦後の時代

外観

- **外壁**：レンガ造りの平屋建て。
- **屋根**：シンプルな切妻屋根に二山の素焼き瓦。
- **窓**：正方形の大きなトップスイング窓。部屋ごとに異なる窓のサイズ（リビングにいちばん大きな窓）。
- **玄関ドア**：縦張りのチーク材の玄関ドア。
- **この時代の特徴**：屋根の高さを変えて横に伸ばしたような形。窓や玄関ドアの周りをレンガで囲んでいる。模様の入った鋳物の柵。

内装

- **床**：リビングなどはオーク材のパーケット張り（格子模様）、ヘリンボーン、フローリングのようなコルク床、コルクリノリウム、玄関やクロークルームは天然石。
- **室内ドア**：チーク、オクメなどのエキゾチックな樹種のドア。
- **ドアの取っ手**：ステンレスのハンドルをマホガニーでカバーしたもの。握る部分が象牙のような白プラスチックに筋の入ったデザインが登場。ステンレス製の長座。
- **暖炉**：アーチ型のフードで、壁に塗りこめた暖炉。
- **壁紙**：幾何学模様と強いコントラスト。
- **家具**：スカンジナビアン・デザイン。ストリング・シェルフ、バタフライチェア、サイドボード、デスク、化粧台、ベッドサイドテーブルやチェスト。チーク材やイケアが一世を風靡。ビニール、クロムメッキ、ステンレス。装飾のついた磁器。カーテンボックス。
- **照明**：チーク材や真鍮のテーブルランプとフロアランプ。シェードは布、プラスチック、ラッカー仕上げのスチール。明るい色やネオンカラー。
- **バスルーム**：格子模様のトイレの床。色のついた衛生陶器（グリーン、ターコイズ）。角度を変えられる鏡の扉がついた戸棚。あらゆる形のモザイクタイルを壁、床、バスタブ周りの仕上げにまで。人工大理石、陶器質タイルの床。1930〜40年代以降、洗面台は円柱型になり中に配管を隠すのが一般的に。
- **キッチン**：キッチンはかっちりとして角張ったデザインに。戸棚には新しい軽量素材が使用されはじめた。吊り戸棚は下にいくほど奥行が浅い斜めのデザイン。現在よりもキッチンカウンターの高さは低かった。キッチンの引出しは、チーク材の取っ手が扉の上部に一直線についているもの。明るいパステルカラー。チークの突き板を張ったもの。1958年に王室出身のシグヴァード・ベルナドッテがデザインした有名なラミネート製カウンタートップ「ヴィルヴァル（Virrvarr）」の生産が開始された。

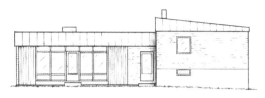

1960年代
高度成長期

外観

- **外壁**：レンガ、漆喰、グレーの目地の珪石レンガ。
- **屋根**：傾斜25度の切妻屋根と黒いコンクリート瓦（二山）。片流れ屋根で換気口などは板金製のものも。
- **窓**：横に長い腰高窓。窓枠は木を塗ったもの、左右で2つに分かれた窓。
- **玄関ドア**：縦張りのチーク材のドア。ドアに窓はなく、ドアの横に沿って細長い覗き窓がついている。
- **この時代の特徴**：平屋がまだ主流だが、傾斜地には表が2階建て、裏から見ると1階建ての家も。採光のため、外壁のコンクリート部分にガラスブロックを埋めこむ。

内装

- **床**：部屋全体をカーペット敷きやビニール床に。玄関には石灰岩や天然石。
- **室内ドア**：リビングは、柄もしくはエッチングの入ったガラスのはまったドア。
- **ドアの取っ手**：象牙色、黒またはグレーのプラスチックのカバーがついたステンレスのハンドル。独立した鍵穴。
- **暖炉**：壁に埋めこまれたレンガの暖炉。
- **壁紙**：日本の麻布壁紙。織物壁紙。
- **家具**：チークやマホガニーの家具。細い脚の布張り家具。コルクタイル。ブルーノ・マットソンのアームチェア「ジェットソン」に代表されるような近未来的フォルム。ブルーやグレーのくすんだ色合い。
- **照明**：プラスチックおよび布のシェード。
- **バスルーム**：壁の下半分がタイル張り。細い長方形のタイル。バスタブ周りの仕上げはタイル張り。とにかくカラフル！　ビデが再登場。パーストープ（Perstorp）社がタイルより高価だが掃除が楽なビニールクロスを発売。壁装材として使用された。イーフェ（IFÖ）社の10×10cmセラミックタイル床。
- **キッチン**：キッチンの天井と戸棚は白く塗られ、戸棚の扉だけグレー、ブルー、グリーンなどの濃い色。引出しの取っ手は木製のものが扉の上部に一直線についているもの。ノブはガラスか鋳物。もしくはアーチ型のバーがプラスチックの台座についたもの。扉の素材はチークよりも安くて軽いオクメを張ったもので代用されるように。この頃には冷蔵庫や野菜庫（8〜14℃）が登場し、外壁に接していた涼しい食料貯蔵部屋が消えていく。

1970年代

百万戸政策
〔都市部に人口が流入し、住宅不足に対応するための国策〕

外観

- **外壁**：板を重ねず平らに並べる縦張りで、木目を生かす半透明の塗料を塗った板壁。
- **屋根**：黒のコンクリート瓦、2階部分を覆いつくす大きな三角屋根。
- **窓**：片側で固定された外開き窓。窓の外額縁はなし。窓の横に、あくまで装飾としての板戸や木製のシャッター。新築は三重ガラス窓が標準に。
- **玄関ドア**：レリーフのついたチーク材のドア、ステインを塗った田舎風の木製ドア。
- **この時代の特徴**：地下室のない家。妻側がレンガ造りで、地面から窓の下までもレンガ。チロルの山小屋のような「ヨーデル・バルコニー」（屋根がバルコニーのひさしにもなり、バルコニーは下のパティオのひさし代わり）。百万戸政策は高層団地のイメージが強いが、戸建ても33万5000戸建てられた。

内装

- **床**：柄物のビニール床、カーペット敷きの床、クリアラッカー仕上げのパイン材の床。水周りや玄関はタイル。
- **室内ドア**：ドアの周りにフレームあり。ドアハンドルはプラスチック。フォークロア調の木製ドアも。
- **ドアの取っ手**：ハンドルのカバー部分はさまざまな色のプラスチック。真鍮のハンドル。シンプルな鍵。
- **暖炉**：石油危機と原子力発電の時代で、ほとんどの家が電気暖房を使っていたため、暖炉はあまり一般的ではない。
- **壁紙**：大柄の壁紙、織物壁紙、ベロア壁紙。
- **家具**：パイン材の家具。ステインまたはクリアラッカー仕上げのパイン材。ウィンザーチェア。大きな背もたれクッションとサイドクッションつきの座高が低くてやわらかいソファ。家具の布地はコーデュロイ。人気の色はグリーン、ブラウン、オレンジ。
- **照明**：パイン材のランプシェード。フリンジやタッセルのついたベルベットのランプシェード。アトリエ・リュクタン（Ateljé Lyktan）社が「ブムリング・ランプ（Bumling）」を発売。
- **バスルーム**：薄いラミネートの木製のキャビネット。トイレのふたと便座に布カバー。トイレマット。トイレとバスの間に仕切り。石油危機後に省エネ対策としてシャワーキャビンが導入された。据えつけもしくは壁かけのビデ。ヘガネス（Höganäs）社のブラウンとベージュのタイル、プラスチックの全盛期で、なにもかもプラスチック（いまのわたしたちには恐怖でしかない……）。
- **キッチン**：色のついた白物家電、フォークロア調の戸棚、色のついたタイル。球体に仕上げた木製ノブや逆円錐形のプラスチック製ノブ。以前はキッチンカウンターと吊り戸棚の間の壁は、汚れ防止のタイルが2列だったが、この頃に3列が一般的に。

1980年代
ポスト・モダニズム

外観

- **外壁**：パステルカラーのシリカ質レンガ、漆喰または板壁。雲母入りの珪石レンガ。
- **屋根**：灰色のコンクリート瓦の寄棟屋根。
- **窓**：左右2つに分かれた格子窓。格子はガラスの上から張った。
- **玄関ドア**：ペイントされた木製ドア。
- **この時代の特徴**：アメリカのバンガローからインスピレーションを受けている。出窓。室内にドアのないアール型の出入り口や付柱。

内装

- **床**：積層フローリング、リノリウムの床、天然石を模したタイル。
- **室内ドア**：白い塗装のモールディングドア、または平らな表面のドア。
- **ドアの取っ手**：歴史を感じさせる真鍮のハンドルに独立した鍵穴。
- **壁紙**：白い壁、明るい色で表面がでこぼこした柄の壁紙。パステルカラー。
- **家具**：アートのような個性的な家具。財力をひけらかすような高級感あふれるディテール。パーティクルボードの大量生産家具が急増。コーナーソファ、レザーソファ。ガラステーブル。ミントグリーン、アプリコット、ターコイズ、鮮やかなネオン色の柄のテキスタイルや装飾品。ミラーウォール、シーリングファン、磁器の置物、藤の椅子、フリルカーテン。ウォーターベッドが大ヒット。
- **照明**：陶器のランプ。和紙シェードのランプ。クロムメッキの大きなフロアランプ。
- **バスルーム**：大理石調タイル。一部だけにモチーフを描いたタイルを混ぜる。床と壁は防水のクロス張り。シャワーキャビン。
- **キッチン**：白やグレーのキッチン。戸棚はモールディングの入った扉。大理石や人工大理石風のラミネートのカウンタートップ。セラミックガラスのコンロと電子レンジが登場。

1990年代
新モダニズムまたはミックススタイル

外観

- **外壁**：1890年代にインスピレーションを得た板壁。
- **屋根**：伝統的な素焼きの瓦かトタン。
- **窓**：木製の窓枠で、格子をガラスの上に張ったもの。レリーフが入った木製の破風。
- **玄関ドア**：雨風に強い高圧ラミネート。
- **この時代の特徴**：外壁とは違う色で家の角の柱を目立たせた。外壁を木の部材で上下に分けた。フロンティスピース。破風板の下に「大工職人の悦び」と呼ばれる木の装飾。

内装

- **床**：パイン、バーチ、それにチェリーのような赤味のある木の積層フローリング、ステイン仕上げオーク材。
- **室内ドア**：成形合板のモールディングドア。丸い窓が入った表面がなめらかなドア。
- **ドアの取っ手**：歴史を感じさせる真鍮のハンドルに陶器のカバー。
- **暖炉**：薪ストーブ。前の床にはガラスプレート。
- **壁紙**：スポンジング塗装の壁、ブラシ・ストローク柄の壁紙。果物モチーフの帯状壁紙。色はウルトラマリンブルー、イングリッシュレッド、黄土色、テラコッタ。英国のデザイナー、トリシア・ギルド（Tricia Guild）の壁紙。
- **家具**：ストレッチレザーの硬い座面の鋼管パイプ椅子。ガラスキャビネットや小さな引出しがたくさんついたキャビネット。ステレオ家具、家電用家具（ビデオデッキ、CDプレーヤー）。クッションチェア。柄またはプリーツの布シェードのテーブルランプ。金色の太陽デザインの鏡、鋳物の燭台やアイテム。ドライフラワー、プリザーブドフラワー。
- **バスルーム**：さまざまな装飾のタイルが引き続き人気、色つきの防水ルームマット。この時代の終盤にはバスルームも1面だけ違った色のタイルを使って「主役壁」に。
- **キッチン**：オーク材の戸棚の扉。カウンターと吊り戸棚の間の壁には色つきタイル、モザイクタイル、または帯状の色付きタイル。ステンレスの白物家電が台頭。ビルトインオーブンが人気、IHコンロも登場。

2000年代
新モダニズム、ミレニアム

外観

- **外壁**：薄くなめらかな漆喰の上からケイ酸質系塗料を塗った外壁。オイル仕上げの堅木を横張りにした板壁。
- **屋根**：屋根が外壁ぴったりで終わるデザイン。正面から裏に向かって下るように傾斜した片流れ屋根。無塗装の細い亜鉛メッキ板を並べた屋根。
- **窓**：工場ラッカー塗装のアルミサッシ。窓が外壁からせり出していない。
- **玄関ドア**：堅木に溝を掘ったドア、円または長方形のガラス窓を施したドア。
- **この時代の特徴**：広いウッドデッキ。オープンな間取り。シンプルでミニマルなライン。大きなパノラマウィンドウ。傾斜の緩やかな屋根。

内装

- **床**：無垢のフローリング、挽き板フローリング。
- **室内ドア**：ガラスのはまった室内ドア。バーチ材またはラッカー仕上げ。
- **ドアの取っ手**：独立した鍵穴、ヘヤライン仕上げステンレスのハンドル。
- **暖炉**：壁に塗りこまれた角ばった暖炉。ビルトインストーブ。前面がガラスになっている。天井から吊るタイプの薪ストーブが登場。
- **壁紙**：塗装した壁、または部屋の1面だけに壁紙を貼る「主役壁」。人気の色はカフェラテ、ベージュ、さまざまなニュアンスのライトブラウン。
- **照明**：天井に埋めこまれたスポットライト。
- **家具**：「ライト&フレッシュ」または「ニュー・ノルディック」スタイル。デンマークデザインの新時代。中価格帯の新ブランドが多数台頭。ムート（Muuto）、ヘイ（HAY）、ノーマン・コペンハーゲン（Norman Copenhagen）、ファーム・リビング（Ferm Living）、アンド・トラディション（&Tradition）など。白木、パウダーコーティングの家具、マットな表面、ウエストにあたる部分が強調された家具。硬い背もたれでアームレストが膨らんだようなデザインのラウンジ家具やL字ソファ。遊び心のあるデザイン。ビニールを織ったマット（1950年代のペパリナ（Pappelina）がパイオニア）。壁かけ式のフラットテレビと天井のプロジェクターがブラウン管のテレビを淘汰。ホームシネマ。
- **バスルーム**：シャワーの壁にモザイクを柱のように縦に張るデザイン。壁かけのトイレ。高い位置についたプレート状のシャワーヘッド。床暖房。タオルウォーマー。
- **キッチン**：光沢度の高い戸棚の扉。耐久性に優れた複合材のカウンタートップ。ステンレスの白物家電。壁は汚れを防ぐためガラスパネルか、壁紙の上からガラスのプレート。

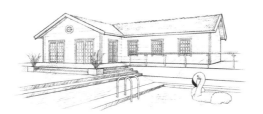

2010年代
個人主義

外観

- **外壁**：立方体のような家の形。外壁は白、黒またはグレー。大きな一軒家、タウンハウス、メゾネット住宅。ニューイングランド様式。または歴史を感じさせる縦張りの板壁（板を前後にずらして重ね、凹凸がしっかりつく張り方）、刷毛引き仕上げのコンクリート。
- **屋根**：切妻屋根、妻側の大部分が窓になっているデザイン。ベランダの屋根には異なる色のトタン。ドーマー窓や複数の棟が組み合わされたものも。
- **窓**：歴史を感じさせる格子窓や、窓の上の高窓。モダンな形の家に非対称に窓がついている。
- **玄関ドア**：荘園風の立派なドア。カントリー調のドア。
- **この時代の特徴**：L型、H字型の家。玄関は妻側に。アメリカ風のカバードポーチ。温室またはガラス張りのテラス。ウッドデッキやベランダの外側はガラス柵で、それが外観をさらにモダンに。プールのある大きなウッドデッキが引き続き流行。

内装

- **床**：無垢のフローリング、挽き板フローリング、コンクリート床。シンプルなヘリンボーン。モロッコ風の柄タイル。米松のような幅があって長い継ぎ目のない一枚板が人気に。
- **室内ドア**：表面に模様のないドア、フレームの入ったシェーカースタイルのドア。
- **ドアの取っ手**：クロム、つや消しクロム。つやありの真鍮、つや消しの真鍮。さまざまなメタルや革のハンドル・パーツがある。
- **暖炉**：壁に埋めこんだビルトインストーブの暖炉が引き続き人気。板金の薪ストーブ。煙突不要のバイオエタノール暖炉。伝統的なデザインもあれば近未来的なデザインも。
- **壁紙**：グレー、ベージュまたは暗い色に塗った壁。柄物の壁紙。ウィリアム・モリスのクラシックな柄がリバイバル。
- **照明**：白熱電球が禁止に。
- **家具**：リネンやベルベット張りのソファ。布張りのベッドのヘッドボード。大理石、真鍮、銅。ウッドやレザー。レトロデザイン、古いモデルを新しい解釈で復刻した家具。植物台や像。個性的で写真うつりのよいアイテム。
- **バスルーム**：箱型の洗面台は壁かけタイプか、ラッカー塗装メタルの細い脚がついたもの。バスタブ周りの仕上げはラッカー塗装されたMDFで、立体的な模様の入ったものある。陶製の洗面ボウルは洗面台の上に置いただけのようなデザイン。大理石のカウンタートップ。LED照明つきの薄いミラー。長方形のスタイリッシュな排水溝。
- **キッチン**：グレーのキッチン、吊り戸棚なしのキッチン。あるとすれば、扉のない棚板だけ。多種多様なパーツ。蛇口などは真鍮。シェーカーキッチン。

ミックススタイル

　好きなインテリアスタイルがいくつもある人は、どうすればいいのでしょうか。住んでいる家の個性が気に入らなかったり、まったく趣味の合わない相手と一緒に住んでいる場合もあるでしょう。違ったスタイルを自由にミックスしてもよいものでしょうか？

　ええ、結局のところ決めるのはあなたです。ミックスするスタイルの種類が多いほど、全体をまとめる挑戦は大きくなりますが。家は一軒しかないのに複数のスタイルを取り入れるなら、一見無謀に思える「スタイルの衝突」に対処する方法を知っておいてください。

メインとスパイス

　ちょうど半分ずつミックスするとうまくいきません。どれかひとつをメインにして、他はスパイスとして使います。目安としては、50：50ではなく80：20。ソファ、本棚、ダイニングテーブル、ベッドなどの基本の家具はスタイルを揃えたほうがいいでしょう。購入に費用がかかるものだし、ずっと使いつづけるか、一生のうちに取り替える機会はあまりないはずですから。大胆なスタイルを投入するのはそれより小さめのディテールにして、部屋のスパイスにしましょう。アートや小ぶりの家具、装飾照明などです。そうすると、バリエーションがあるのに一貫した印象を保てます。

スタイルの三角形

　好きなスタイルが3種類ある場合は、80：20の代わりに「スタイルの三角形」で考えてみましょう。より近い2種類のスタイルをベースにして、対照的な3種類目はスパイスに——北欧と日本のミニマリズムに、カントリー調のスパイスを足すとか。もっとたくさんのスタイルをミックスすることもできますが、4、5種類混ぜる場合、印象がちぐはぐになる可能性があります。

配色は一貫させて

　複数のインテリアスタイルを取り入れながらも雰囲気を統一するには、一貫した配色を意識すること。それが各アイテムの違いを結びつけ、共通点をつくってくれます。

集めずに、散りばめる

　スタイルがバラバラのアイテムを1か所に集めると、スタイル同士が激しくぶつかり合って、目にもはっきりします。代わりにアイテムを部屋の中に散りばめると、全体の雰囲気がまとまります。

スタイルの統一より、雰囲気の統一

　アイテムの形や見た目が必ずマッチしている必要はありませんが、「家の雰囲気」自体は統一しておきましょう。リラックスできる優しい雰囲気をつくりたければ、ストイックで硬いデザインや、直線的なリプロダクト家具は混ぜないほうがいいでしょう。

視覚的ノイズ

　どこからともなく聞こえてくる単調な物音や騒音──そういう音は誰にとっても耳ざわりなもの。寝ようとしたら蚊がうるさい、という体験は誰でもありますよね。耳から入ってくる刺激に、わたしたちはすぐイライラします。でも視覚的な印象についてはどうでしょうか。それにもイライラを感じるかどうかは、あまり考えませんよね。物が多いのが好きか嫌いかに関係なく、あなたをイライラさせるきっかけになる「もの」は必ずあります。

　正直になってみましょう。いまいる部屋を見回してみてください。普段意識しないけれど、実はイライラさせられているものはありませんか？　散らかっていて汚いからとか、片づけきれていないものが部屋の隅に積まれたままだから、という意味ではありません。家具の位置や色、雑貨などで目ざわりなものは？

　これが騒音なら、すぐに対処しているはずですよね。ボリュームを下げたり、音を消したり。大声で話している人がいるなら「小声で」とお願いしたり、ドアを閉めることもできます。でも、視覚的に目ざわりなものは、そのまま放置していませんか？

　だから、家に目ざわりなものがないかどうか、自分に問いかけてみてほしいのです。それを取り除くだけでどれほど心地よくなるか、きっと驚くはず。それは、あの花瓶かもしれません。あなたが内心は見苦しいと思っていて、目に入るたびにイライラしていたもの。だけどそれをくれた親戚の気持ちを傷つけないように飾っていたのです。お母さんが喜ぶからクリスマスに必ず食器棚から出してくる陶器のボウルなんかもありませんか？

　横を通ったり、目に入ったりするたびに、無意識にネガティブな気持ちになるものは、人にあげるか売ってしまいましょう。そうすれば、あなたの気分をよくするものだけが家に残ります。普段は表に出さずに棚やキャビネットの奥にしまってあるものについても同じです。

カメラのトリック

　自分の家を新鮮な目で見たければ、スマートフォンのカメラを使ってみましょう。フォーカルポイントの項（p. 27）でも説明しましたが、もう一度言っておきたいくらい効果的なテクニックなのです。カメラのレンズを通してインテリアを見つめると、生活しているときよりもいろいろなことがはっきり見えてきます。特に写真には、ひとつのシーンだけに集中できるという利点があります。部屋の四方八方から印象を受けるのではなくて。

　理由は説明できませんが、現実だと曖昧で不確かなものが、写真の中では容赦なく明かされるのです。肉眼では認知しづらいものを、カメラが助けてくれるのかもしれません。

　クライアントのためのスタイリングでも、わたしはスマホのカメラをメモ代わりに使っています。自宅でもそのテクニックを使えばいいのです。毎日そこにいるはずなのに、あらゆる箇所や配置の詳細は覚えていないもの。店でインテリアを選ぶときや、偶然素敵なアイテムに出会ったときなどは、自分の家に合うかどうかを素早く判断しなければいけませんよね。そんなときに便利です。特にいまインテリアをコーディネートしている最中の部屋や、今後どうにかしたいと思っている部屋の写真は、スマホのアルバムに保存しておいてください。

試してみましょう！

　ではスマホを取り出して、カメラの準備はいいですか？　自然光の中で各部屋を少なくとも5点撮影します。まずは全体、それから「リアリティビュー」（特定の箇所を、実際に見るときの角度で。たとえばテレビボードの後ろの壁に手を入れようと思っているのであれば、ソファに座った状態でそこを撮影）。何か飾れるものを探している最中の棚や空間があれば、そのクローズアップ写真も。それらをスマホのアルバムに集めて、すばやく取り出せるようにしておきます。そのあと、部屋ごとに写真を分析することもできます。構図はどうなっていますか？　「三分割法」（p. 23）は使われている？　「60：30：10＋Bの法則」（p. 86）を活用できそう？　素敵なリズムが流れていますか？　それとも「奇数の法則」（p. 34）を使って何か加えたり取り除いたりしたほうがよさそうですか？

配色

　スタイルや予算に関係なく、家の印象を決めるのはあなたの選ぶ色です。他に何を
しようと、色の決定（または未決定）に勝るものはないと言っても過言ではありませ
ん。だからこそ、「配色」となると守りに入ってしまう人が多いのかも。色をできる
だけ少なくしようとする人もいれば、色が大好きで、カラフルな色や模様や壁紙のな
い人生なんて想像できないと言う人もいます。どちらにしても、配色をうまくまとめ
るためのテクニックはいろいろあります。この章では、あなた自身で選んで決断しや
すいよう、色のいちばん基本的な知識をシンプルに解説します。

色への挑戦

　インテリアのスタイリングは得意だと自負していても、色となると急に尻込みすることがあります。「もっと家に色を取り入れたい……だけど、飽きがこないようにするにはどうすればいい⁉」わたしのブログにはこんな質問が何百と寄せられています。部屋や家の配色がうまくできないと感じている読者たちからです。わたし自身もそうでした。何度も立ち往生しては試し、やっと自分でも納得のいく「色のパレット」にたどり着いたのです。

　インテリアやデザインにおいて、色というのはとても「相対的」なものです。色の認識は人それぞれわずかに異なりますし、同じカラーコードをもつ色でも周囲の影響で大きく変化します。日中の光、夕方の光、家具、床の色、照明など、同じ部屋でも色が違って見える要因は少なくありません。それに、過去の記憶も人それぞれ。色に対して湧くイメージも変わってきます。

　あなたが心から好きだと思える色。一緒に暮らしたい色。それを見つけるには、時間と忍耐が必要です。でも見つかったときには、苦労したかいがあったと思えるはず。他の誰のものでもなく、あなただけの色のパレットを見つけてください。うつろいやすい流行に惑わされるのではなく、あなたの好みに基づいて。そうすれば、セールストークに惑わされず、散財を防ぐこともできます。それもメリットですね！

色とは

　現在の色の概念の基礎をつくったのは、科学者のアイザック・ニュートン。プリズムに光が当たったときに、反対側に虹色のスペクトルが広がることに気づきました。そのスペクトルの端と端をくっつけたものが、世界初のカラーホイール（色相環）の基礎になりました。色の多彩なニュアンスだけでなく、光と色の相関性も明らかになったのです。

　いまではカラーホイール（カラーシステム）は何種類もあり、どの原理に基づいているかによって少しずつ違っています。加法混色、減法混色、それに人間の知覚に基づいたシステムもあります。

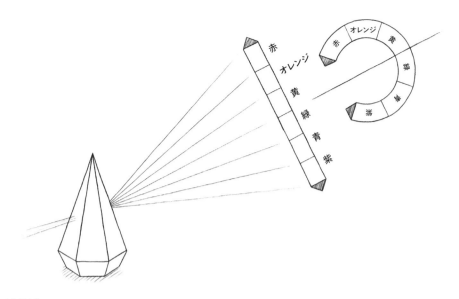

加法混色

パソコンのディスプレイで使用されるRGBシステム（光の三原色：R＝赤、G＝緑、B＝青が名前の由来）など。

減法混色

カラー印刷に使用されるCMYKカラーモデルなど。C＝シアン、M＝マゼンタ、Y＝イエロー、K＝キープレート（通常は黒）。

知覚ベースのシステム

　たとえばNCS（ナチュラル・カラー・システム）は、顔料の化学構造や分光分布といった色の物理特性ではなく、人間の知覚と色の視覚特性に基づいています。主要原色は黄、赤、青、緑、白、黒の6色で、NCS社のサイト〔https://ncscolour.com/〕に詳しい説明があります。このシステムは特許取得済みで、スウェーデンではカラーオーダーシステムの工業規格に指定されていて、塗料などに使用されています。

　カラーホイールの仕組みと使い方を説明するとき、わたしは小学校で習ったヨハネス・イッテン〔1888～1967年、スイスの芸術家。バウハウス予備課程教育の中心的人物〕のカラーホイールを使っています。これはいまでも芸術分野で、顔料の混合を描写するのに使われています。実際にはこれで完全に説明がつくわけではありませんが、比較的理解しやすいのが利点です。あなたも自分にぴったりのカラーシステムを探してみてください。

原色

赤
青
黄

原色を2色混ぜると紫、緑、オレンジという二次色ができます。

二次色

赤＋青＝紫
黄＋青＝緑
赤＋黄＝オレンジ

原色にカラーサークル上でいちばん近い二次色を混ぜると、6つの色ができあがり、三次色と呼ばれます。

三次色

赤紫
青紫
青緑
黄緑
黄オレンジ
赤オレンジ

カラーサークル

　カラーサークルまたはカラーホイールにはこの12色が並び、色の相互関係を示しています。どの色がよく合い、どの色がぶつかり合うのかが一目でわかります。ぶつかり合う色というのは「コントラストカラー」または「補色」と呼ばれ、カラーサークルのちょうど反対側にある色です。

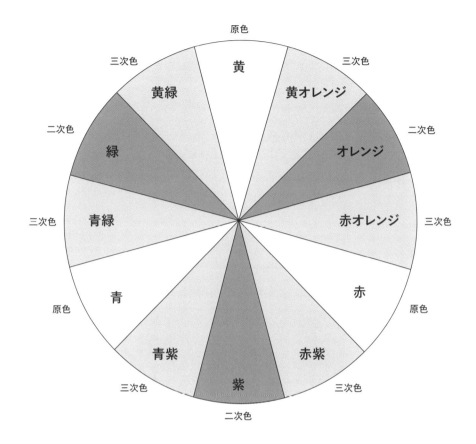

原色 黄 三次色 黄オレンジ 三次色 二次色 オレンジ 二次色 赤オレンジ 三次色 三次色 赤 原色 赤紫 三次色 紫 二次色 青紫 三次色 青 原色 青緑 三次色 緑 二次色 黄緑 三次色

ニュートラルカラー

　白、黒、グレーはニュートラルカラー（無彩色）と呼ばれ、カラーサークルには含まれません。この3色と原色、二次色、三次色を混ぜることで、幅広いニュアンスの色が生まれます。

補色

　カラーサークルを見たときに、ちょうど反対側に位置する色です。たとえば黄と紫、青とオレンジ、赤と緑など。相反するこの2色は補色と呼ばれ、補色を組み合わせるとお互いを強調します。たとえば赤は黄と組み合わせるよりも、緑と組み合わせたほうが赤みが増します。

暖色と寒色

　カラーサークル上の黄から赤にかけての色は暖色、青から緑にかけては寒色と呼ばれます。ちょっと複雑に聞こえるかもしれませんが、暖色にも寒色にも、温かみのある色と冷たさのある色が存在します。黄がかった赤、つまり黄が多く含まれた赤は、温かく感じます（オレンジを想像してみてください）。でも赤は青を多く含んでいる場合もあり、そうすると冷たく感じられます（ワインレッド／ボルドーなど）。同じことが緑にも言えます。黄が多く含まれていれば（オリーブ色）温かく、青が多く含まれた緑は冷たく感じられます。

配色とは？

　「配色」という言葉の概念は、かなりあいまいに使われています。どういう意味なのかくらい知っている、と思っている人は多いでしょう。でも、実はそうでもありません。なので、ここでちょっと説明しておきましょう。

　配色というのは、家具の表面のカラーコードを選んだり、壁や床を塗る色を決めるだけではありません。家具やテキスタイルから小さな装飾や雑貨にいたるまで、すべて意識した上で、家に色を与えることです。インテリアデザイナーが一軒の家をひとつの色だけで仕上げることはまずありませんよね。目指す雰囲気やスタイルを実現するために、色同士が協力しあうようなパレットを用意するのです。

　あなたもそんなふうに考えてみてください。インテリアプロジェクトの各段階で、意思決定の助けになるはずです。塗料店では販売している色のカラーサークルを借りられますし、小さな紙に色を塗ったものをもらったり、大きな紙のサンプルやサンプル缶を購入したりもできます。そうすることで、自宅の家具や明るさの中でその色を試すことができます。同じことがテキスタイルやファブリックにも言えます。実際に使用する環境で見比べるようにしましょう。部屋にある他の色や家具、照明や日中の光、それが色の認識に影響するからです。色を決めるときには、何よりも実際の環境で色を確認するのがポイントなのです。

カラーコード

　インテリアデザイナーや画家、アーティスト、塗料メーカーは長年かけて色を整理し、システム化し、名前をつけてきました。特定の色についてコミュニケーションがとれるようにするためです。塗料メーカーは自社で調合した色に独自の名前をつけますから、インテリアデザイナーやスタイリストが使う「カラーコード」は、特定の色を出すための調合やレシピだと考えてみてください。

インテリアのためのカラーシステム

　スウェーデンのインテリアデザイン業界でいちばんよく使用されているカラーコードのシステムはNCS（Natural Color System®©）です。スウェーデンで開発され、世界じゅうの塗料メーカー、建材メーカー、建築家やデザイナーが使っています。雑貨やテキスタイルにはパントン（PANTONE）、金属にはRALというシステムが使用されています。

必ず取っておいて!

− 自分で壁を塗るなら、その色の正確なカラーコードを書き留めて、家の情報をまとめたファイルに保管しておきましょう。

− 上塗り塗料が余ったら、常温に保たれた倉庫で密封保存しておきます。あとで釘穴や小さな傷を隠すときに使えます。

カラーパレット

　では、カラーサークルを使って、あなたの家のために色のパレットをつくってみましょう。よく使われる配色の例をいくつか挙げておきます。なお、実際の発色はどのカラーシステムを使うかによって変わります。

類似色のカラーパレット

　カラーサークルから1色選び、その隣の2色も使います。この組み合わせは比較的使いやすいので、不安な人はまずはこれから始めてみるといいかも。

補色のカラーパレット

　カラーサークルから1色選び、その反対側にある補色と組み合わせます。

三角のカラーパレット

　ホイール上に均等に分散している3色を選びます。幅広い色を使えることになりますが、難易度は高めです。

分裂補色のカラーパレット

　カラーホイールから1色選び、それを補色の隣の2色と組み合わせます。つまり、選んだ色の反対側の両側の2色です。

長方形のカラーパレット

　ある色とその補色を選び、さらにもう1色（最初に選んだ色の隣の隣の色）とその補色も加えます。

アートワークを使ったテクニック

　部屋の配色を洗練させたければ、こんなところからも簡単にインスピレーションを得られます。好きな壁紙やアートをひとつ選んでください。直感的にどの色とどの色がマッチするかわからない人にも便利なテクニックです。だって、アーティストがすでにその仕事をやってくれているのですから。

　やり方：好きな絵画のモチーフや壁紙の配色をよく観察してみてください。実際にインテリアに使う絵画や壁紙でなくてもいいのです（それが最後の仕上げにぴったりのアイテムなのかもしれませんが）。それを分析して、色の組み合わせ、色のニュアンスや割合のお手本にします。写真を撮って、色を特定してくれるネット上のサービスを利用するか、写真を塗料店に持参してカラーコードを特定するのを手伝ってもらいましょう。

自然を配色事典に

　アートや壁紙が配色のインスピレーションになるのと同じで、自然も偉大な配色事典です。蝶の羽、木の幹の一部、岩や崖のグレーのニュアンスなどを観察してみてください。よく合う色のアイデアやヒントが得られるはず。デザイナーやインテリアデザイナーも、決まり文句のように言いますよね。「自然からインスピレーションをもらった」と。それは嘘ではないわけです。さあ、靴紐を結んで、森や海辺、山など、あなたが最高に心地よいと感じる場所に散歩に出かけましょう。

最近では、アイテムや写真の正確なカラーコードを教えてくれる便利なソリューションがあります。インターネットで「カラーコード抽出」などの単語を検索すると、アプリやツールがヒットしますよ。

60：30：10＋Bの法則

　家にもっと色を取り入れたいと思っても、足した色が周りに溶けこむどころか、悪目立ちしてしまったという経験はないでしょうか。白いソファにカラフルなクッションを置いてみても、他の家具となじまずに、その場を乗っ取ってしまうことが多いのです。なんだかちょっと面倒なゲストみたいですよね。結局、我慢できなくて撤去することになるでしょう。でも、そこが間違いなんです。取り除くのではなく、「もっと足す」。カラフルなクッションに必要なのは、「カラフルな仲間たち」なのです。それに、コントラスト——この場合ソファの白とクッションのカラフルさ——の間の「架け橋」になる色調を増やすこと。もっと足して、拡散させる。引き算を使ったり取り替えたりするのではなくて。そうすれば、いままでとはまったく違った効果が得られます。かっこよく言うと、これが「配色の公式」です。

　黄金比に基づいた「60：30：10＋B」のアプローチは、部屋の配色に行きづまったときに便利です。配色が調和のとれたブロックに分けられていて、色と色調のバランスをつくってくれます。これを使えば、配色がカラフルなクッションだけに集中するのも避けられます。この法則は、スーツ姿の色の分布によく似ています。

　60％：ジャケット、ズボン、ベスト

　30％：シャツ

　10％：ネクタイとポケットチーフ

カラーパレット上の比率と分布

　それと同じように部屋の色の分布を考えてみましょう。

- 部屋の60％：1〜2色のメインカラーで構成
- 部屋の30％：メインカラーを引き立たせるための、色調が似ていて調和のとれた（コントラストのない）アクセントカラー
- 部屋の10％：1〜2色のコントラストカラーをスパイス的に
- 最後の＋Bというのは、小さな黒い色（Black）のディテールです。最後の仕上げとして、あなたが選択した色を強調してくれます。

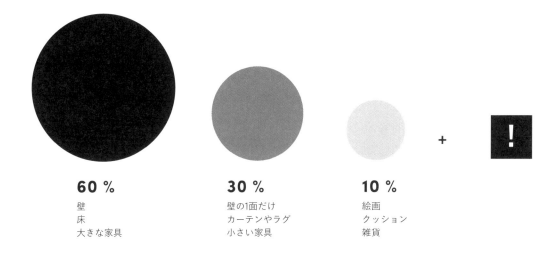

60 %
壁
床
大きな家具

30 %
壁の1面だけ
カーテンやラグ
小さい家具

10 %
絵画
クッション
雑貨

このアプローチを使うからといって、鮮やかなテーマカラーを選ばなければいけないわけではありません。落ち着いた色や無地のインテリアを使ってもいいのです。その場合、上記の割合を同色の色調やグラデーションに当てはめます。それが部屋の中に躍動感と心地よいバランスを生み出してくれます。

白やグレーのビギナー配色

白やグレーといったニュートラルカラーが落ち着くという人もいます。何色が好きなのかがわからず、無難な選択としてニュートラルカラーを選ぶ人もいます。その場合、白やグレーの配色について知っておいてほしいことがあります。ノルウェーのカラーデザイナーのダグニー・サーマン＝モエが、こういったビギナー色を失敗なく扱うためのアドバイスをくれました。白、グレー、黒はカラーサークルに含まれないため、それらをベース色にすると、それ以外のどんな色と組み合わせても強いコントラストが生まれてしまいます。なのでいちばん簡単なのは、緑の植物や天然の木を追加して「無色さ」を和らげ、それ以外の色や色調を受け入れる体制を整えること。たとえば、部屋の壁はわずかに他の色が混じった白で塗ること。そうすると、そこにある複数の色が自然に調和します。

初心者にも使いやすい色は緑、青、茶色。自然の中に存在する3色です。経験則で言うと、この3色はたいていどんな色ともマッチします。森や空、地面には醜い色などないのですから。あなたがすでにもっている白やグレーのニュートラルなベースに新しい輝きと色合いを与え、美しく見せてくれます。この3色のどれかから始めれば、確実に白やグレー、そしてあなたがすでに用意した他の色ともマッチします。これで、家の配色がうまくいくはず。

　もっとシンプルにいきたいなら、この3色に少し黒かグレーが入った色から始めるとよいでしょう。白、グレー、黒とのコントラストが和らぎ、さらに調和がとれます。

　自分で配色するときによくある失敗は、取り入れる色が少ないこと。部屋の色面積も色調も少なすぎるのです。グレーの床に白いソファを置くとしましょう。ソファの上に青いクッションをのせて、ソファテーブルに青いキャンドルホルダーを置くだけで充分だと思うかもしれません。でもこれでは二次元的で平坦になりすぎ、平凡な印象になってしまいます。ここでカギになるのは、配色が調和しているかどうかです。だから統一することばかり考えないこと。全体の配色がうまくできている部屋というのは、「60：30：10＋Bの法則」に従って7〜9色の色調でできています。アクセントカラーとしてどこもかしこも同じ青緑色を使う代わりに、色調を変えた青緑のクッションや、深い青のキャンドルホルダー、それに少し自然な木を。そうすればうまくできあがります。

カラーコードの罠

　わたしのインスタグラムに繰り返し寄せられる質問に、「その色のカラーコードはなんですか？」というものがあります。それに答えるのは簡単ですが……。壁の色を選ぶときに、なぜカラーコードにばかりこだわってはいけないのかを説明したいと思います。

　まず、ここで重要になる概念を2つ挙げておきましょう。「カスタムカラー／ノミナル（名目上の）カラー」というのが塗料の色で、カラーメーカーが指定しているもの。わたしたちが実際に見て体感している色は「アイデンティティカラー／体感色」と呼ばれます。

　アイデンティティカラーは周囲の色に影響されます。家具、壁、床、インテリア、部屋の光源（光量と色温度）、窓が面している方角によって色が異なる自然光などに

よってです。アイデンティティカラーとカスタムカラーの誤差は「カラーシフト（色差）」と呼ばれています。

　カラーシフト（色差）にいちばん影響を与えるのは、自然光でしょう。家が違えば自然光も違ってきます。それ以外は何もかも真似できたとしても、家の場所や窓の位置、一日のうちの光の動き、季節による光の違いは、その家特有のもの。基本的に北向きの部屋は色が冷たく、南向きの窓の部屋は温かく感じられます。

　つまり、まったく同じカラーコードでも、わたしの家とあなたの家では違った色に見えるのです。

光沢度を正しく選ぶために

　部屋の色を更新するときは、好きな色を見つければいいだけではありません。イメージどおりの発色になるように適度な「艶」を選ぶのも重要です。なのに、カラーコードは指定しても光沢度を指定する人はほとんどいません。マットな表面とつやのある表面ではまったく違った発色になるのに。

　色の表面の仕上がりは「光沢度」と呼ばれ、1〜100の単位で表示されます。1が艶のないマットで、100が高光沢。艶のない表面は光を吸収するので、光沢度の低い色で塗ると色が暗く濃く感じられます。一方で艶のある表面は周りの光を反射するため、より明るく、色が強くカラフルに感じられます。人間が色を認知するために必要な光を吸収してしまうマットな表面よりも、色を忠実に再現するからです。

マットな表面では、黒が完全な黒になることはありません。黒の深みを出すためには、多少の光沢が必要なのです。

マットな壁の色
メリット：汚れや傷が目立ちにくい。光沢がないので、落ち着いた雰囲気。
デメリット：耐久性が低く、汚れや傷がつきやすい。拭き掃除ができないことも。

光沢のある壁の色
メリット：拭きやすいので、掃除が楽。光を反射するので、周囲も明るくなる。
デメリット：マットな塗料よりも、ムラが目立つ可能性が。

光沢度の簡単マニュアル

- **高光沢（90〜100）**：建具や金属製の取っ手など、摩耗や汚れにさらされる面に使うとよい。
- **光沢（60〜89）**：床、棚の扉など。現在ではあまり一般的ではない。水性塗料でこの光沢は出ないが、溶剤系塗料（ナフサのラッカーなど）ならこの光沢度のものがある。
- **半光沢（30〜59）**：床や家具、ドア、窓、巾木、窓やドアの外額縁などの建具に適している。
- **ハーフマット（11〜29）**：キッチン、玄関、子供部屋など、汚れがつきやすい壁に。水拭き可能。
- **マット（6〜10）**：多少の水拭きは可能（メーカーによって差がある）。ベッドルームやリビングによく使われる。
- **フルマット（0〜5）**：反射を完全に防ぎたい面、つまり天井など（水回り以外）。

注意！

- 選んだ色が濃いほど、高い光沢度の塗料は光沢がさらに強く感じられます。
- 水回りには、防水性と耐水性も必要です。所定の塗料を重ね塗りしなくてはいけないので、お店の人に相談しましょう。
- 暖房のラジエーターに塗る塗料は耐熱性のものを。
- コンクリート床の場合、中程度の摩耗には一液型の塗料、激しい摩耗がある場所には二液型の塗料がおすすめです。光沢度は50〜90。
- メーカーによっては壁・建具用に光沢度5でも水拭きできる塗料があります。専門店にご相談ください。

!

壁の色は、必ず試し塗りをしてから決めましょう。ただし、候補の色を並べて壁に試し塗りするのはおすすめしません。色を同時に見てしまうと正確に判断できないものです。板か宅配ピザの空箱にサンプル塗料を塗って、壁にひとつずつ順番に立てかけます。実際に光が当たる角度で見るのも大事です。実際と同じ結果になるように、二度塗りするのも忘れないでください。また、その部屋にいちばん長くいる時間帯（昼間ですか、夜ですか？）の光で試してください。

条件等色（メタメリズム）

　ある明るさではまったく同じに見える2色が、別の光の状態になると完全に異なって見える現象を「条件等色」と呼びます。壁の色だけでなく、テキスタイルを選ぶときにも覚えておいてください。高いソファを買うときには、生地のサンプルをもらうようにしましょう。そうやって、ソファを実際に置く場所の明るさで判断します。布張りの家具は受注生産品ですから、納品まで長くかかります。店の照明の中でしか確認しなかったら、やっと家に届いたときにがっかりするおそれが。品揃えの豊富な家具店であれば、生地サンプルを貸し出してくれます。ソファのクッションを1個借りるというのも手です。

白の選び方

　色の扱いに慣れていない人は、壁の色は白を選ぶのがいちばん簡単だと思うかもしれません。ただ実際には、白にはたくさんの色合いがありますし、周りの影響を受けやすい色でもあります。

　真っ白な塗料がそのまま売られるということはあまりなく、温かい白や冷たい白があります。どちらを選ぶかは希望の発色、光の条件、目指す雰囲気によって変わります。どの色と組み合わせたいかによっても。

　写真で白いインテリアを選ぶ場合、そこに写っている白のニュアンスが現実と同じことはまずないと思っておいてください。カメラのホワイトバランスの調整に目がだまされているし、画像が編集されている可能性もあります。複数の白のニュアンスをならすことで、雑誌に載ったときに均一に見えるようにしてあるのです。雑誌やパンフレットなど印刷物の場合は、紙の種類によっても変わるのは言うまでもありません。

温かさと冷たさ

　白い塗料は純白ではありません。純白だとまぶしすぎるからです。普通はわずかに黒を加え、さらにはその白が温かさ、もしくは冷たさをまとうような顔料を混ぜます。そうやって塗装面の印象を調整するのです。冷たい白は、青、ターコイズ、紫などの寒色、銀や亜鉛などの冷たい金属によく合います。温かみのある白はその逆で、赤、オレンジ、黄色などの暖色や、金、真鍮などの温かみのある金属にぴったりです。

〔以下、Sから始まるカラーコードはNCSシステムのもの〕

ニュートラルホワイト（カラーコードS 0500-N）

　スウェーデン語で純白と呼ばれることもありますが、実際にはそうではありません。5%の黒が含まれています。これまでの家具塗装で標準だった白のように黄の顔料は入っていないので、よりニュートラルな白に感じられます。

ストックホルムホワイト（カラーコードＳ 0502-Y）

　ストックホルムホワイトは2000〜2010年頃にストックホルム中心部で流行した、ライト＆フレッシュなスタイルから生まれました。白にわずかに顔料を加えることにより、色のもちがよくなり、長く美しさを保てるようになったのです。しかし、この白を「ヤニで黄ばんだように見える」と批評する専門家もいます。黄の顔料が少し含まれているためです。一方、この色のファンたちはまさにその温かみこそが魅力だと言います。

ウィンドウホワイト（ピュアホワイト）（RAL 9010）

　アルミの白いサッシには、RAL 9010というわずかに黄味がかった白がよく用いられます。RALはNCSとは別のカラーシステムで、NCSを使い慣れている人はS 0502-YがRAL 9010にいちばん近いと言います。ストックホルムホワイトよりも「もう少し白い」とも表現されます。好みの問題ですが、覚えておくとよい色です。

シーリングホワイト（カラーコードＳ 0300-N）

　天井に塗る白は、壁よりも白味が強いことが多いです。一般的な天井の白のカラーコードはS 0300-N（黒味がわずか3％）。部屋を「もち上げる」ために、天井を壁よりも明るくするのです。天井用の塗料の光沢度は通常フルマット（光沢度3）です。

回り縁・巾木、その他の建具の標準だった白

　工場で塗装された回り縁、巾木、ドアの外額縁や室内ドアは、以前は標準とされたNCS S 0502-Yで塗装されていました。長い間、イケアの家具の白もこれでした。黒5％と色相（黄色2％）が入っているので、温かみのある白です。ところが、家の壁を真っ白や冷たい白にしたい人たちにはそれが問題だったのです。真っ白の壁に、工場で塗装されてきた回り縁や巾木をつけると、最悪の結果を招きます。工場生産品は黄色っぽく見え、壁は青白くなるのです。

　いまでは工場生産のものでも、これ以外の白を選べるようになりました。そのうえで、家やインテリアの白を選ぶときには、白にはさまざまなトーンがあることを覚えておいてください。ドアや回り縁、巾木、壁、大量生産の家具がうっかり別々のトーンの白になってしまうのは避けたいでしょうから。部屋の中に白いスイッチプレートやコンセントカバーがある場合は、それも気をつけましょう。壁とは逆の白のトーン

だと、目立ってしまいます。

東西南北の白

　窓が北に面していると、部屋にはかすかに青みがかった自然光が入ってきます。そのせいで、白く塗られた壁が紫や青紫がかって見えます。青みがかった光の部屋に黄味のある白を選ぶと、その組み合わせでかすかに緑がかった白になります。一方、南向きの部屋には温かい色の光が差しこみます。壁が温かい白になるのを避けたいなら、青や緑など少し冷たい色を含んだ白を選ぶことで、日光とのバランスをとることができます。

日光や方角だけでなく、室内の照明、それに床の色や素材も、壁の白に影響します。オーク、パイン、バーチなど黄味がかったフローリングは、黄の顔料が入った白の黄味をさらに強めます。

壁紙

　壁の色だけでなく、壁紙も部屋の雰囲気や視覚効果を演出するのに便利なツールです。いまでは壁紙の種類もとても豊富になりました。国内外のメーカーが、無地のものから果てしない種類の柄まで提供しています。壁紙を使えば、視覚的にも物理的にも壁にニュアンスをもたせることができます。麻布や織物のような壁紙は、凹凸のある表面を手で触って感じることもできます。

経験則とヒント

　壁紙の柄を選ぶときは、まず家の建築様式とその時代のスタイルを確認してください。それを「赤い糸」にするにしても、大胆に真逆を選ぶにしても、家が設計された当時の柄や形がどんなものだったのかを知っておくにこしたことはありません。それが、よく考えられた判断につながります。各時代に、当時の状況を反映した独自の柄があり、いまあなたが店に行くと、その当時のクラシックな柄だけでなく、それにインスピレーションを得てデザインされた新しい柄にも出会えるはずです。

　部屋のサイズや壁の広さも、柄を選ぶときの目安になります。「小さな部屋には小さな柄、大きな部屋には大きな柄」と昔から言われていますが、大きな柄は全体がちゃんと表示されるために大きなスペースを要します。小さな部屋だと尻すぼみになってしまうのです。わたし自身は、このアドバイスを鵜呑みにはしていません。最近のオープンな間取りでは、大きな柄を四方の壁に張ってしまうと、雑然とした印象になってしまうこともあります。小さな柄の壁紙は、遠くから見ると柄が溶けあって、落ち着いた背景になってくれます。それが、個々のアイテム（ランプや家具など）を目立たせ、強調してくれるのです。大きな柄だと、そういったものも飲みこんでしまいます。壁の前にあるものよりも、壁紙の主張が強くなるからです。大きな柄の壁紙を選ぶなら、全体のバランスをとるために、家具やデザインも大胆に選ぶ必要があるかもしれません。

　かといって、柄の大きさだけで判断してもいけません。壁紙に含まれる色の数も、全体の印象を大きく左右します。色が多いほど、柄は複雑になります。壁紙に慣れていない人や、どの壁紙にするか家族内で一致しない場合は、コントラストを抑えたものを選びましょう。落ち着いた色がグラデーションになったやわらかい柄をおすすめします。逆に、主張の強い壁紙を探しているなら、無地の壁紙カタログは片づけてし

まい、鮮やかな色や色調の差がはっきりした壁紙にアンテナを張ってみましょう。

> ！
>
> 壁紙のサンプルを検討するときは、近くで見すぎないように。柄の印象を知りたいなら、心の中で一歩下がりましょう。小さな紙切れをじっと見つめていないで、その柄が壁一面に繰り返される様子を想像してみてください。インターネット上にある画像も役に立ちます。あなたが検討しているその柄を、すでに壁に張った人はおそらくいるはず。写真でその状態を見ることができます。

大きな柄の壁紙は主張が強く、部屋の「主人公」になりがち。その前に置く家具よりも目立ちます。

小さな柄の壁紙は周囲と混じりやすく、その前に配置した家具のためのバックコーラス的役割を果たします。

各部屋ごとにテンポを変えて

　家やアパート全体の壁紙を張り替えるなら、「見通し線」（p. 52）を思い出してみましょう。どの部屋が同時に見えていますか？　壁紙も、家じゅうの壁紙をまとめて考えるのが大切です。というのも、各部屋の壁紙がすべて合わさって、家の全体的な印象や雰囲気を左右するから。家の中を「軸」で見渡せるか、部屋の間が閉じられているかは関係ありません。部屋から部屋へ動くときには、印象を抱えたまま移動するものです。だからあなたがほしいインテリアのリズムに応じて、意識的に各部屋ごとにテンポを変えるとよいでしょう。

　テンポを落として穏やかな雰囲気をつくりたければ、これはあくまでひとつのアイデアですが、巨大な柄が効いた壁紙の隣の部屋は、無地の壁でトーンアウトさせるか、引き締まった柄を選びましょう。すぐにまた印象的な柄を使うのではなくて。その場合、前の部屋の巨大な柄の壁紙の中から、次の部屋の壁紙の色を選びます。あえて大胆な柄を衝突させたいなら、廊下はパスして、部屋ごとに激しい柄を重ねてもいいですね。

　どのようにするかは好みですが、なにしろ全体をよく考えることが大事です。壁紙を壁ごとに決めるのではなく、全体を意識して選ぶ。そうすれば、すべて張り終わったときに後悔することはないでしょう。

初心者向けのテクニック

　あなたが色の初心者なら、壁紙選びは荷が重いと感じるかもしれません。そんなときは、色がグラデーションになった薄い柄のものを選ぶのが無難です。なお、壁紙は部屋の四方の壁すべてに張る必要はないし、一日のうち長い時間を過ごす部屋から取りかからなければいけないわけでもありません。

　小さな部屋やあまり使わない箇所から始めてみてください。そうやって、少しずつ慣れていきましょう。ゲストルームやゲスト用トイレ、ベッドルームの1面だけに張るところから始めてみて。

主役壁：部屋の壁4面すべてではなく、1面だけをペイントや壁紙で仕上げた壁のこと。

トリムボーダー：壁を上下で二分するように張る細い板。その上下に別の壁紙を張るのが一般的。

腰壁（ボアセリー）：木を意味するフランス語の「ボア」が語源。壁の下部にモールディングの入った木製パネルを張り、上部はペイントするか壁紙で仕上げる。分ける位置はいろいろだが、たいていは黄金比を使って床と天井のちょうど真ん中ではなく、3分の1または3分の2に。

視覚効果と部屋の大きさ

　色と同じく、壁紙や柄の視覚効果で目の錯覚を起こし、小さな部屋を大きく広々として見せたり、大きくてがらんとした部屋をアットホームで温かい雰囲気に見せることができます。ここでも、前の章に出てきた法則を使います。壁紙のライン、幅、方向、柄の大きさ、明るい色か暗い色かで、視覚的なイリュージョンをつくりましょう。

柄のミックスの成功の秘訣

　同じ部屋に複数の柄を取り入れるにはどうすればよいでしょうか。柄物の壁紙に柄のテキスタイルやラグ、家具などを組み合わせる場合、全体の調和をとるためのアプローチがいくつかあります。絶対的なルールではありませんが、役に立つアイデアです。

1）部屋の中で、柄をのせられる大きな面がどこになるかを確認します。壁、ソファやアームチェアなどの大きな布張りの家具、ラグ、カーテン、ベッドカバーといった大きなファブリックです。

2）次に、柄を追加できる小さな面をいくつか探します。部屋によって変わってきますが、クッションやランプシェード、鍋つかみや柄物のテーブルクロス、トレイなど、いろいろ見つかるはずです。

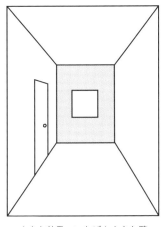

小さな効果＝いちばん小さな壁

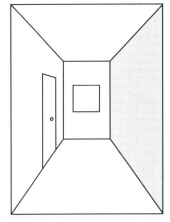

大きな効果＝
いちばん大きくて第一印象になる壁

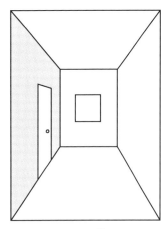

コントラスト効果＝
ドアや巾木、回り縁

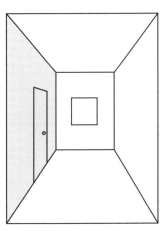

ドアのカモフラージュ効果

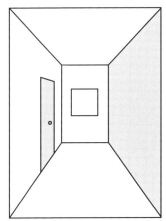

ドアでアクセント効果

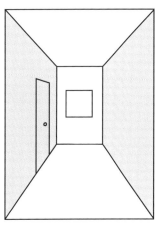

部屋が奥にいくほど細くなる効果

3）次に、組み合わせたい壁紙とファブリックを選びます。次の3つのカテゴリーからひとつずつ見つけてください。

– **有機的な柄（大胆な柄）**
– **幾何学的な柄（引き締まった柄）**
– **単色の面（バランスをとるための色のブロックとして使う）**

　大胆な柄と引き締める柄を混ぜると、柄ミックスに躍動感が生まれます。「並列配置」（p. 34）の原則を思い出してください。不規則で有機的な柄の横に、タイトで角ばった反復的な柄を並べると、互いの魅力を引き出して強める効果があるのです。一方、似たようなデザインばかり使うと、それほどコントラストが得られず、全部一緒になって流れてしまうリスクがあります。

　さらに、ミックスした柄のバランスをとってくれるような色をベースに用いると、全体的に調和のとれた印象になります。柄の中から好きな色を選んで、ラグや大きな家具などの広い面に取り入れてください。柄ミックスを成功させるコツは、お互いの魅力を引き出してくれる3つのカテゴリーの組み合わせを探すことなのです。

有機的で大胆な柄の例
葉
花
鳥や動物の不規則な柄、西洋更紗（風景柄）
ペイズリー柄

幾何学的で引き締まった柄の例
幾何学模様（三角形、正方形、長方形、ひし形など）
ストライプ
格子模様
千鳥格子

　柄を選ぶときには、比率やサイズが同じにならないように。どの柄も同じリズムになってしまうのを避けるためです。

4）取り入れたい柄を選んだら、次はどの柄をメインにするかを決めます。ひとつの柄を主人公／ソロアーティストに設定し、他は引き立て役のバックコーラスです。大柄のデザインは広い面（壁、ソファ、カーテンなど、柄のリピートの全体がちゃんと見える）に収まりがよく、小さくて細かいデザインは小さな面に合います。

5）そこまで決まったら、柄が部屋じゅうにあるかどうかを確認します。調和のとれた印象をつくるためには、柄のミックスが全体に分散されていることが重要。そうしないと、意識が1か所に集中してしまいます。「主役壁」に柄の壁紙を貼るなら、その向かい側にも柄を合わせましょう。つまり部屋の反対側にカーテン、大きなラグ、ランプシェード、アートなどがくるように。そうするとバランスがよくなります。

6）ローマは一日にしてならず！　忍耐強く模索してください。いちばんしっくりくる柄ミックスやスタイルミックスを見つけるには、時間がかかるものです。心から好きだけれど、目立ちすぎて全体の雰囲気を壊しているアイテムは、辛抱強く他の部屋で休ませておきましょう。ぴったりはまるような「仲間」や構図が見つかるまで。

近道

　初心者へのアドバイスとしては、最初は同じ「色のファミリー」内にある柄を組み合わせて、柄ミックスを練習することです。それならコントラストが強くなりすぎず、連帯感で全体がまとまります。異なる柄に同じ色を繰り返すことで、表現が違っても落ち着いた雰囲気が醸し出されます。

　もうひとつの秘訣は、同じデザイナーのデザインを組み合わせること。デザイナーもテキスタイルデザイナーも、いろいろな会社にデザインを提供していますが、同じデザイナーの作品にはなんらかの形で共通する個性があるはず。だから、好きな柄があるなら、そのデザイナーのデザインやポートフォリオを宝箱のように探ってみてください。マッチする「仲間」のアイデアが浮かぶかもしれません。

壁紙の柄合わせとは?

　壁紙は幅の狭いロールに印刷されていて、壁全体を覆う場合は横に貼り合わせていきます。そのときに、柄が正しく合うようにしなくてはいけません。リピートには3種類あって、最終的な仕上がりと壁紙が何メートル必要かにもかかわってきます。つまり、購入するロール数も変わってくるのです。

− **リピートなし**：柄を一致させる必要がありません

− **ストレートリピート**：水平方向に柄を一致させます

− **ステップリピート／ハーフドロップ**：ずらすことで柄にバリエーションが生まれます

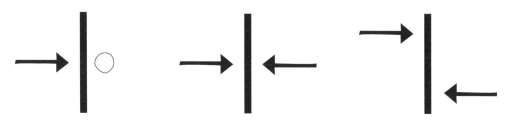

この壁紙は柄がランダムなため、柄合わせの必要はありません。

ストレートリピートの壁紙は、どれも同じ模様になるようロールをカットします。

ステップリピートの壁紙は、柄を合わせるために壁紙が多めに必要です。

　壁紙を販売している店は、実店舗でもウェブショップでも、見本帳や大きなサンプルの貸し出しや、それほど実費はかからずに小さなサンプルを送ってくれるところもあります。ぜひそれを利用しましょう。部屋の自然光と照明は、壁紙の柄がどのように認識されるかに影響を与えます。家でどのように見えるかを確認する唯一の方法は、その部屋で見ること。サンプルは壁に垂直に立てかけるか、テープで貼りつけて垂直にするのを忘れないでください。

壁紙に絵を飾る場合

- 壁紙と絵が衝突しないように、真逆で補うようにします。大きな柄の壁紙なら、落ち着いたモチーフの絵が合います。小さな柄の壁紙には、大きなモチーフがよいでしょう。
- 絵の縁をはっきりした額で強調します。
- 額装マットを使って、壁紙と額縁の中のモチーフの間に距離をつくってください。マットは白でなくてもOK。黒やグレー、その他の色のついたものもありますし、白や明るい色の壁紙にはっきり効果を与えてくれます。

色の用語集

原色＝黄、青、赤

二次色＝原色を2色混ぜたときにできる色。紫、緑、オレンジ。

三次色＝原色に、カラーサークル上でいちばん近い二次色を混ぜた色。

補色またはコントラストカラー＝カラーサークル上で向かい側にある反対色。強い刺激を生み出し、お互いを強化。

色相＝色味（色の見え方）。

色調＝色のトーン（色相、明度、彩度のわずかな違い、たとえばライトグリーンとダークグリーンなど）。同じ色調の色には同量の黒、白、色が入っている。

モノクロ＝単色

顔料＝色に色相を与え、表面に定着させます。

照明

　ペンキや刷毛を使って視覚効果を生み、部屋の雰囲気を変えられるのと同じように、光を利用することもできます。ランプをどう配置するか、光をどこに当てるか、強弱の光をどう組み合わせるか。それで部屋が文字どおり「光と闇」のような変化を遂げます。この章では、照明スタイリングの基本的な知識とテクニックを集めてみました。

光なければ癒しなし

　室内照明の存在意義はわりと単純です。停電を経験した人なら、快適で機能的だった部屋が一瞬のうちに不気味で不快なものに変わることを知っているでしょう。光はちゃんと周りが見えるためにも必要ですが、ランプの配置や光の強弱によって、部屋の雰囲気や印象を変えることもできます。自分の好きなアイテムを強調したり、満足していない部分をぼやかしたりすることも可能。それなのに、照明を本気でインテリアに取り入れる人は少ないし、おかしな理由でランプを購入する人も多いのです。その照明はあなたが本当に好きな形ですか？　それとも機能だけを考えて選んだものですか？　よい照明というのは見栄えだけでなく、周りのものがよく見えるように設計されています。

デザインか機能性か

「このランプ、うちのインテリアに合うでしょうか？」——照明についてのアドバイスを求められる際、機能よりもランプの見た目について質問されることのほうが多いような気がします。インテリアを計画するなら、照明はデザインと機能の両方を考慮することが大事。部屋のどこにもっと光がほしいですか？　そこにはどういうタイプの照明が適当で、同じ部屋にすでにどんな「仕事仲間」がいますか？　完璧な照明のプランニングには、照明が複数必要なのです。他の照明器具のことを考慮せずに、一度にひとつずつ決めようとするとうまくいきません。

　いまはランプの種類が非常に豊富になりましたが、照明の基本知識のレベルはかなり低いように思います。大勢の人が長年かけて目にやさしく、まぶしくないシェードや照明器具の開発をしてきたのに、トレンドだというだけで布撚りコードに裸電球を下げたりするなんて。機能性よりもランプの見栄えのほうが大事みたい。その考え方は変えていきましょう。明るさが足りない部屋は居心地がよくないだけでなく、細かいものを見るために苦労して、頭痛や疲労につながることもあります。暗い中で懸命にものを見ようとすると、うまく集中できず、根気ややる気にも影響します。よく見えるようにだけでなく、気分よく過ごすためにも照明は重要なのです。

 光がフラットに広がっているだけだと躍動感がなく、部屋の中の「部屋」もできません。方向までよく考えた光源は、1面だけ色を塗った壁と同じように、オープンな間取りの部屋に仕切りや個別の空間を生み出します。特に夜間はそれが顕著になります。

強調したり目をそらさせたり

　照明でインテリアに陰影をつくることで、部屋のあちこちを補強・強調してみましょう。何かを隠したり、そこから目をそらせて、見てほしいものに目を誘導することもできます。つまり照明は、暗い中でものが見えるようにするだけでなく、あなたが好きなアイテムにアクセントをつけ、目立たせるのも大事な役目です。絵や本棚に飾った美しい雑貨、家具。せっかくだし、建物自体のパーツや壁紙にスポットライト照明を当ててみてもいいんじゃないでしょうか。

ランプからどのような光と影が広がるのか、店頭ではわかりづらいものです。店で照明を決めてしまうのは、電器店でスピーカーが全台同時に鳴っている状態でひとつ選ぶようなもの。そのランプを借りて帰るか、インテリアとして配置された状態の写真を見せてもらい、光がどのように広がるのか、どんな影の効果を生むのかを確認しましょう。

5〜7の法則

　基本的には、各部屋に少なくとも5〜7個の光源が必要。7〜9個は必要だろうと言う人もいるくらいです。

　家の中を回って、カウントしてみてください。各部屋の照明の数、それに明るさや配置はどうなっていますか？　いまある照明は、配置された部屋・場所で目的どおりに機能していますか？　充分な数の照明があるかどうかだけでなく、以下のカテゴリーのものが少なくとも1個ずつあるのが理想です。ビンゴのように全部揃わなければ、どの照明が欠けているのかを考えてみてください。

一般照明／清掃用照明：部屋全体に基本光を広げるシーリングランプや照明器具。
作業用照明／機能照明：アームチェアやソファの読書灯、キッチンカウンターやデスクの照明。
ポイント照明：アクセント照明やスポットライト。額をかけた壁、美術品、本棚を照らす、もしくは壁にわざと影の模様を広げるなど。
ムードライト／装飾照明：雰囲気づくりのためのランプ、調光可能な小型ランプ、チェーンライト。ランタンやオイルランプなどの炎を光源にした照明。

邪魔な影

いい具合の影は部屋の雰囲気をよくしてくれますが、作業用の照明となると話は別です。照明を計画・設置するときは、人が部屋のどこにいるかを常に考えてください。キッチン唯一の光源が天井についていて、それがカウンターの斜め後ろなら、料理をするときに自分の前が陰になってしまいます。手元がしっかり見えるよう、キッチンの吊り戸棚の下にも照明をつけましょう。ガレージ、趣味の部屋、仕事部屋などにも同じことが言えます。

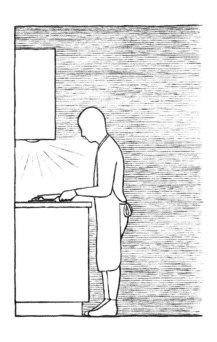
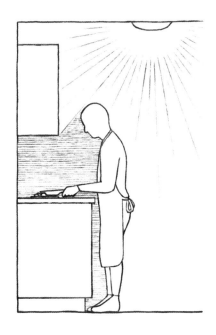

間接照明、もしくは拡散光

　部屋の照明を考えるときには、直接光と拡散光／間接照明のバランスをとることも重要です。指向性ライトのランプの光は「直接光」です。光がスクリーンを透過したり、拡散されたりしている場合は「拡散光」と呼ばれます。光源が反射板または壁に当たって光を広げる照明は「間接照明」になります。

直接光＝光源から直接当たる光
拡散光＝シェードなどを通した光
間接照明＝壁などに反射させた光

直接光と拡散光

　簡単に言うと、ランプには直接光と拡散光の2種類があります。直接光は機能照明や作業用照明に使われ、拡散光は光を拡散させたり間接光などのムード照明や装飾照明として最適です。ランプ2個のうちどちらか選ばなければいけないときや、どれが自分に必要なランプなのかわからないときは、その2種類に分けて考えてみるとよいでしょう。直接光のフロアランプは読書や手仕事に最適ですが、光をフィルターするフロアランプ（白い布シェードや不透明なガラスシェード）は部屋の暗い隅を照らすような装飾照明やムード照明にぴったりです。

覚えておきましょう：

- 暗い色のランプシェードは、明るい色のシェードと同じだけの光を透過しませんが、床もしくは床と天井にも光を広げます。
- 柄のシェードや小さな穴のあいたシェードは部屋に不規則な光を投げかけ、光と影の遊びが生まれます。
- 色つきのランプシェードは、色つきの光を放ちます。赤いランプシェードなら部屋全体が赤くなります。
- 色つきの布シェードでも内側が白いものは、光が白い表面に反射し、シェードの外側の色の影響を受けにくくなっています。

	直接光	拡散光	間接照明

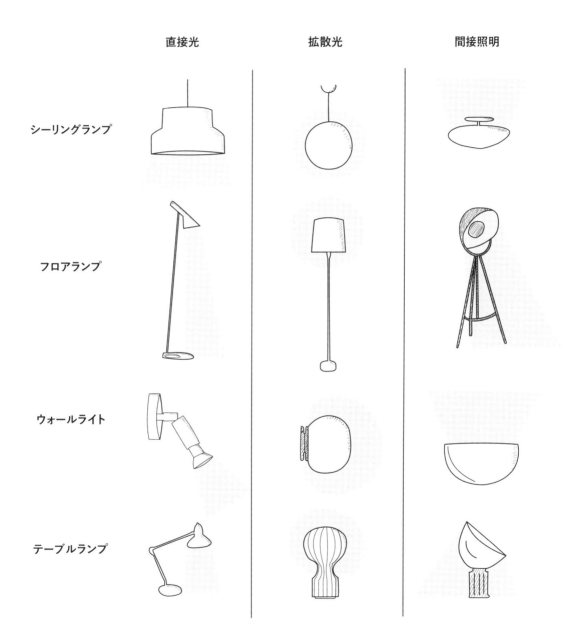

シーリングランプ

フロアランプ

ウォールライト

テーブルランプ

まぶしくない照明の寸法

　部屋の照明の配置を成功させるには、光源の数だけでなく、ランプの位置も大切です。特にダイニングテーブルの上の照明は、あまり上すぎると座ったときにまぶしくて不快に感じるでしょう。逆にランプの位置が低すぎると、立ち上がる際にシェードに頭をぶつける可能性があります。それでも、ソーシャルメディアや雑誌の写真を見ていると、ランプの位置が高すぎたり低すぎたりしていることはよくあります。

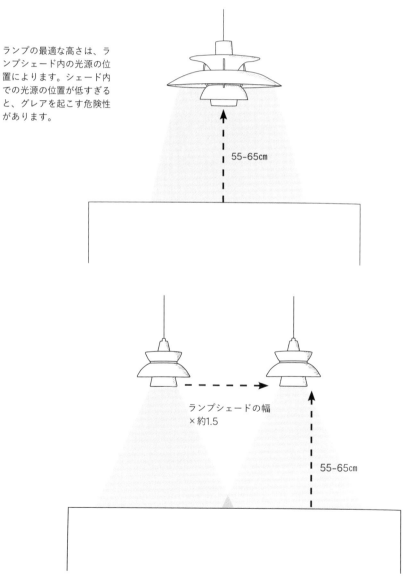

ランプの最適な高さは、ランプシェード内の光源の位置によります。シェード内での光源の位置が低すぎると、グレアを起こす危険性があります。

55-65cm

ランプシェードの幅
×約1.5

55-65cm

ダイニングテーブル上の照明は、テーブルトップから55〜65cm上になるよう設定します（ただし照明器具や居住者の身長にもよります）。その高さなら、テーブル全体が照らされ、座っている人もまぶしさを感じないし、ランプシェードに視界を妨げられることもありません。

　キッチンのアイランドやカウンターも同じです。ダイニングテーブルよりもカウンタートップのほうが高い（床から遠い）だけで。ランプをいくつか並べて吊るすといい場合もあります。光の広がりかたによって、テーブルの面全体に届かないときです。ランプを並べて吊るす場合、ランプ間の距離はランプシェードの幅の1.5倍を目安にしてください。

覚えておくとよい寸法の目安

- テーブル上のシャンデリア：テーブルから約75〜80cm上
- 天井のシャンデリア（下を通る場合）：床から少なくとも200cm上
- 玄関のシャンデリア：床から少なくとも200cm、ドアフレームより約30〜40cm上（下を通れること、ドアの開閉を考慮）

　来客のときしか使わないダイニングなら、普段使いのテーブルほど照明の機能性は問われないため、雰囲気を重視してシャンデリアを選ぶ人も多いでしょう。シャンデリアは光が上向きなため、日常に必要な下向きの安定した光は得られません。テーブルの面に落ちてくる間接光は薄暗く、デザインによってはよりシャンデリア自体の影が広がることもあります。

ダイニングテーブル上のシャンデリアは、ゲストの視界をさえぎらないように普通のランプよりも少し高めに吊るす必要があります。目安としては、テーブルの面から約75〜80cm上。天井の高さにもよりますので、実際に試して調整してみてください。高すぎるとシーリングランプに見えてしまうし、低すぎると椅子に座った人の視界をさえぎります。また、視覚的なバランスが悪くならないように、シャンデリアの直径よりもテーブルの幅と長さが大きいことも大事です。

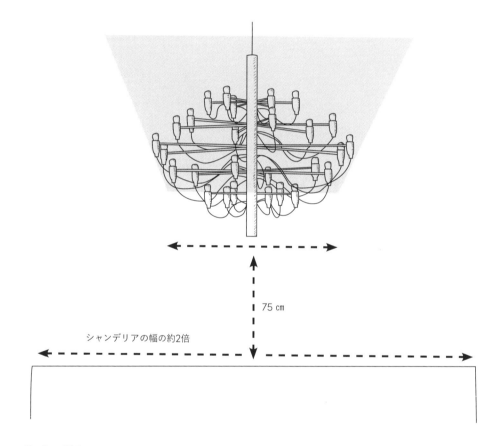

75 cm

シャンデリアの幅の約2倍

　リビングやテレビルームといった部屋では、まぶしくないシェードを使うのがとりわけ重要です。光の向き、ウォールランプの高さやテーブルランプの位置もよく考えましょう。座ったときの目の高さと背もたれの角度で配置を決めます。座高の低いソファやアームチェアに座る人にもまぶしさや見にくさがないようにしてください。

玄関の照明

玄関の照明にも経験則やスタイリングのコツはあるでしょうか？　もちろんです。照明器具を選ぶときには、必ず部屋の形状と天井の高さを考慮してください。

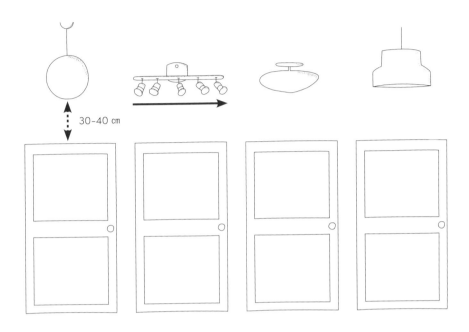

30-40 cm

− 高い天井には、天井から吊るすタイプのランプが素敵です。ただし、ドアの回転範囲や壁の帽子ラックから安全な距離をとってください。ドア口の上部から30〜40㎝は上にくるように。

− 奥に長い玄関なら、天井に光源がひとつでは足りません。複数のライトをつけるか、奥に伸びる方向にスポットライト用のダクトレールをつけます。光を壁に向けて拡散光にすると、部屋が広く感じられ、まぶしさも防げます。

− 通常の天井高（2.4m）なら、天井に平らなシーリングライトを使用して、玄関ドアや室内ドア、またはクローゼットのドアにぶつからないようにします。

− 玄関にペンダントランプを吊るすなら、下部がオープンになっていないデザインを選びましょう。でないとまぶしくなってしまいます。下向きの光をさえぎるシェードやスクリーンのついたモデルを選んでください。

光の高低差

　まぶしさや見づらさがないように、光源の数や、拡散光にするのか間接照明にするのか、そして機能照明の位置は考えましたね。あとは、高低差をつくることも大事です。光源がどれも一直線にならないように。天井のランプをのぞけば、他のランプが同じような高さにあることは珍しくありません。それならば、どれかを上げたり下げたりしてみましょう。首ふりスポットライト、アップライト、ダウンライトを導入してバリエーションをつけるのもよいでしょう。目指すのは、すべての光源が協力し合って、どんな時間帯でも、部屋で何をしているときでも、機能的でフレキシブルな配光です。また、暗い隅にポイント照明を取り入れると、実際よりも部屋が広く感じられます。

　自宅の雰囲気がアットホームにならないと悩んでいる人は、家具を変える前に照明を見直してみてはどうでしょう。問題は家具ではなく、ランプや照明ではありませんか？　部屋の中の照明を以下の「山のもの、海のもの、またはその中間」の法則で分析してみると、どの高さに光が不足しているかがすぐにわかります。

　高さ別の照明の例：

山のもの	中間	海のもの
シーリングライト	フロアランプ、読書灯	窓辺に置いた背の低いランプ
ダクトレールについたスポットライト	背の高いチェストやサイドボード上のテーブルランプ	ソファテーブルのキャンドルスタンドやキャンドルホルダー
天井に埋めこんだダウンライト	本棚に固定したクリップ式のスポットライト	背の低いフロアランプ
ペンダントライプ	額縁照明	床に埋めこまれたアップライト
	アートや壁にピンポイントで当てたスポットライト	床まわりや窓の下枠にそわせたLEDのチェーンライト
	窓に下げたライト	

自然光

　室内で照明をつけるのは、よく見えるようにするだけでなく、一日のうちの自然光のうつろいを補正して差を軽減するためでもあります。太陽は東から昇って西に沈み、一日の中でも光の色が変化します。窓がどの方角かによって、日光があなたの家の中を動き回り、インテリアの色を変化させます。

　日が昇ったばかりの朝は、自然光が冷たく鋭く感じられます。日中は光がクリアで白っぽくなり、夕方は温かみのある光で、そのあと太陽が沈んで暗くなります。部屋の中に違った色温度の光源を用意し、複数のランプを日光に合わせて点けたり消したり調光したりすることで、一日のリズムに合わせることができます。なお、色温度の単位はK（ケルビン）です。部屋やランプの写真を撮って店に行き、一日を通してよい配光にするためにはどんな光源が必要か、アドバイスしてもらってください。いまではデジタルな照明器具も増え、リモコンで光を調整することもできます。詳しく知りたければ、インターネットで「ヒューマン・セントリック・ライティング（Human Centric Lightning）」を検索してみてください。

調光できない照明は、ボリュームを変えられないスピーカーのようなもの。
——オーサ・フェルスタッド
（照明デザイナー）

チェックリスト──色と光の空間分析

部屋の光を分析できるように、視覚的な概念を簡単に説明しておきます。

- **明るさ**：部屋はどれくらい明るいですか？
- **光の分布**：日中、そして夜間、光はどのように分布していますか？　ランプはどのように配置されていますか？
- **影**：影のでき方は適当ですか？　光の配置が平坦な印象にならないようにします。影は他のものの形状や構造を強調してくれますが、シャープで硬い影のコントラストは不快に感じられることもあります。
- **光のシミ**：部屋の中に、全体的な光から逸脱した小さな光の点はありますか？　そういった「光のシミ」は電気照明（小さな穴のあいたランプシェードなど）から出ることもあれば、自然光（日光が窓の形の影を壁に投げかけるなど）でも生じます。
- **反射とまぶしさ**：光の反射は美しいきらめきを与え、光沢のある素材を強調します。ただし、過剰な反射はイライラや不快感を引き起こします。
- **グレア**：グレア抑制照明ですか？　それともシェードのない照明が目ざわりですか？
- **光の色**：部屋の光は何色ですか？　光源の色が冷たいか温かいか、光の演色性、光が反射する表面の色にもよります。
- **表面色**：わたしたちが壁や家具を視覚的に感じている色は、当たっている光の影響を受けた結果かもしれません。薄い色の表面（グレーのソファなど）は光の色に左右されやすく、鮮やかな色ははっきりした個性をもっているため印象はあまり変わりません。

出典：U. Klarén, K. Fridell Anter,
H. Arnkil and B. Matusiak,
Percifal: Perceptiv rumslig analys av färg och ljus (2011).

照明の用語集

ワット（W）：明るさの単位

ルーメン（lm）：光源が放つ光の量の単位。数値が大きいほど強い光、小さいほど弱い光。

ケルビン（K）：光源の色温度の単位。

Ra値：演色性の単位。0から100の間で、数値が大きいほど自然な色合いに見え、低いほど色ずれが大きい。

照明器具のテクニック

－ テレビ台にテーブルランプを置くと、部屋に心地よい要素が増えるだけでなく、テレビとの
　架け橋になり、明るいテレビと暗い部屋の明確なコントラストを和らげてくれます。

－ アートに照明を当てますか？　ガラスフレームが光を反射し、モチーフの雰囲気を壊してし
　まうかも。正面から照らすのではなくサイドに配置して、光源はモチーフから少なくとも
　1m離してください。同じ理由から、ガラスのフレームに入ったアートを、キラキラ光る大
　きなシャンデリアや窓の向かいには飾らないように。

光源が異なる理由

　昔よく電球を買っていた店に行くと、数々の新製品が出ていて戸惑ってしまいます
よね。光の強さもさまざまだし、ガラス球の形状や透明度も違います。どれを選べば
よいのでしょう。

－ **透明（クリア）な光源**：透明なガラス同士、透明なシェードのランプによく合います。その
　場合、光をさえぎるシェードがないので光の強さに気をつけて、調光器の導入も考えてみて
　ください。

－ **マット（フロスト）な光源**：たいていのランプに合います。フロストガラスが光を均一に拡
　散してくれるからです。

－ **電球の下半分がミラー加工された電球**：光を反射させて上に戻すので、ペンダントライトの
　ように下がオープンになったモデルにぴったりです。電球のまぶしさを防いでくれます。

スタイリングのテクニック

　この章では、わたしのスタイリングテクニックを紹介します。科学的根拠があるわけでも、正解やルールがあるわけでもありません。このとおりにしなくてはいけないというわけではないのですが、行きづまったときにこういったアプローチやメソッドを使ってみてください。

「最後の仕上げ」のレシピ

　章の冒頭から「最後の仕上げ」だなんておかしな話ですが、わたしたちインテリアデザイナーがいちばんよく受ける質問なのです。すでに基本的な家具は揃っているのに、心地よくてわくわくするような部屋、そこへもっていく最後の一押しが足りないと感じている人が多いわけです。スタイリングをどう完成させ、ゴールを切ればいいのでしょうか。

　わたしはよく、アメリカの有名インテリアデザイナー、ケリー・カーターのスマートなチェックリストを使っています。部屋を完成させるために大切な「材料」のリストです。彼女の許可を得て、ここで共有しますね。ケリーは、おもしろくて魅力的なインテリアのつくり方を言葉で説明できる人です。頭の片隅に彼女のリストがあれば、この章のアイデアも吸収しやすくなります。だってもしかすると、あなたに必要なのは「インバイター」や「Wowオブジェクト」、つまり「静物画」や「絵をたくさん飾った壁」かもしれないでしょう？　だから、まずはこのリストに目を通しておくといいと思うのです。

- インバイター（The Inviter、招き入れるアイテム）：人の興味と好奇心を捉え、部屋に引き入れる存在。見る者の目を惹きつけて離さないようなアイテム。その部屋に入って、もうちょっとよく見てみたいと思わせるような。

- コージーファイヤ（The Cozyfier、コージー化アイテム）：あなたをその部屋にとどまりたくさせるような存在。肌触りのよいカシミアのブランケットや、座り心地のよいアームチェア——幸せな気分でそこに丸まっていたいと思わせるアイテム。

- アイ・リフター（The Eye Lifter、視線を上げるアイテム）：あなたの視線を上に上げ、他の家具も含めて枠組みをつくってくれる存在。たとえば、あなたが思わず顔を上げ、部屋全体を見回してしまうようなランプ。床から天井まで絵を飾った印象的な壁や、床置きの大きな植物。それで見る人が部屋全体を認識しやすくなります。

- Wowオブジェクト（The Wow Object、思わずWow！となるアイテム）：部屋の中でいちばん話題の存在、明確なフォーカルポイント。建物の一部でもよいのです。見事な景色が広がる大きな窓や、見る人の度肝を抜くような家具や雑貨など。

- ウィアード・シング（The Weird Thing、奇妙なアイテム）：目が思わずブレーキをかけ、よく見てみようと立ち止まるような存在。「これ、いったいどこで手に入れたの!?」というようなアート、家に代々伝わる古いもの、フリーマーケットで集めたコレクション、それに自分で手づくりした作品なんてどう？

- パーソナライザー（The Personalizer、パーソナル化アイテム）：その場所を「あなたの家」にするもの。家族写真、祖父母から譲り受けたもの、旅先で買ったおみやげなどのパーソナルなアイテム。この屋根の下に住んでいる人たちのことを語る存在。目を引くものや目立つものでなくていい、ただ、部屋のあちこちの「静物画」に混ざっていると素敵なアイテム。

- ナチュラル・エレメント（The Natural Element、自然の要素）：命の純粋な躍動感、質感、それにちょっと色を追加してくれる存在。植木、切り花、天然素材、有機的な形のアイテムなど。

- フィニッシャー（The Finisher、仕上げアイテム）：完成したインテリアの隙間を埋めて、躍動感を与えてくれる存在。たとえばソファ横の雑誌の入ったバスケット、サイドボードの上に積んだ本、ソファテーブル上の美しい器など。

- ライフサイン（Signs that life is being lived、生きている証）：部屋に命を与え、そこに誰かが住んでいることを示す存在。あなたのお気に入りのスリッパかもしれないし、読書用の眼鏡かも？　お気に入りのアームチェアの横に置いた朝のコーヒー──インスタやインテリア雑誌の撮影のときには取り除くようなもの。だけど日常には存在し、自宅らしい心地よさを醸し出してくれるアイテム。誰かがここで快適に過ごしている証なのだから。

「静物画」をつくる

人の目を引いたり、実現したい雰囲気を強化するために、インテリアデザイナーはよくアイテムをグルーピングします。そんなワンシーンのことをスウェーデン語で「静物画」と呼びます。雑貨を1か所にまとめて飾ってある写真を見たことがありますよね。ディテールに富んだインテリアにまとまった印象を与えてくれるテクニックです。そんな「静物画」を美しい構図に仕上げるにはどうすればよいでしょうか。

わたしはこれまで「静物画」をいくつもじっくり観察してきて、そこには共通した構図や構成要素があることに気づきました。グルーピングするアイテム数によっては、ひとつのアイテムが複数の役割を担うこともありますが、ともかく、始める前に探してほしい材料がこちらです。

重要な材料

- 高いポイント：長いキャンドルスタンド、背丈の高い植物や切り花など
- 重いポイント：丸い花瓶や器、その他、視覚的に重いアイテム
- フォーカルポイント：あなたの「静物画」の主人公になるディテール
- 有機的なもの、不規則なもの：自然の中に存在するもの、天然素材でできたもの、陶器、工芸品など
- 水平な線：横置きにして重ねた本、小箱、平たい長方形の器など
- 垂直な線：縦長の雑貨やキャンドルスタンドなど
- 隙間を埋めるもの：小さなパーソナルアイテム。あなたの「静物画」の空間を埋め、命を吹きこむもの。美しい石や貝、子どもがつくった作品など

アイテムを整列させない

集めてグルーピング

ちがったサイズや
形状を組み合わせて

アイテムは重ねる。前にくるものと、
後ろにくるものを決める

グルーピングのためのステップバイステップ

1) まずは使いたいアイテムを集めましょう。木、メタル、ガラスなど、なるべく多様な素材や構造のものを。形もいろいろ集めます（丸いもの、まっすぐなもの、四角、有機的な形など）。大きさにもバリエーションをつけてください。コントラストをつくるために、対照的なものも選んで。高いものと低いもの、硬いものとやわらかいもの、マットと艶、滑らかな表面と粗い表面といったように。

2) それを大きさ順に並べておきます。これで次の手順が楽になります。

3) 「静物画」を置く場所に目印をつけます。目測でもいいですし、マーカーをつけてどの範囲に収めるかをはっきりさせます。初心者なら、トレイを使って目安にするとやりやすいです。

4) グルーピングしたときのいちばん外側の輪郭を決めます。「三角構図」（p. 25）を思い出してください。アイテムがすべて合わさったときに、正三角形または直角三角形になるように。どちらの方向に視線を導きたいかによって決めましょう。

5) 後ろから前に向かってアイテムを配置していきます。

6) 「奇数の法則」（p. 34）も忘れないように！　2、4、6ではなく、3、5、7を使って。そのほうが躍動感が生まれると言われています。偶数だと、目が勝手にペアをつくってしまうので。

7) 必ずアイテム同士が重なるように並べてください。お互いを少し隠すようなイメージで。それで全体にまとまりが生まれます。

8) 「静物画」の中でどのように視線が動いてほしいかを考えて配置してください。「黄金螺旋」（p. 21）の動きをイメージしましょう。

「静物画」にぴったりの場所

グルーピングをするのが初めてだと、どの場所から取りかかればいいのかわからないかもしれませんね。ここで、「静物」を置くのにぴったりの場所をいくつか紹介しておきます。その場所に「静物画」をつくると、あなたの家にどんな効果があるのかについても。

第一印象：玄関先

一軒家なら、家に入る前に出会う「静物画」があるとよいでしょう。玄関先に高低差のある植物をグルーピングします。季節ごとに変化させ、やってくる人を歓迎しましょう。

歓迎の気持ち：玄関内

玄関を入ったときに、自分たちやゲストのための収納以外にも、目が向くようなものがあるとよいですね。玄関内は素敵なアイテムを演出するのにぴったりの場所。玄関のチェストや壁に取りつけた棚の上。玄関が狭すぎるなら、その奥に見えている空間を使ってもOK。

パーソナルなアイテム：リビングルーム

あなたにとって意味のあるものや、気持ちが明るくなるようなものを集めて、リビングのどこかに「静物画」をつくりましょう。あなたの好みで本棚、ソファテーブル、テレビ台の上などを利用します。あなたの趣味が垣間見えるようなアイテムや、旅先で集めた美しい貝殻など。新しい雑貨を買わなくても、祖父母から譲り受けたもの、実家からもってきたもの、蚤の市で見つけた掘り出し物など、ポジティブな連想や思い出が広がるもので

OKです。

居心地のよいアイテム：
バスルームやゲストルーム

「静物画」はあなただけでなく、やってきたゲストにも居心地よく、思いやりに満ちた雰囲気を感じさせてくれます。花瓶に差した小花や葉のついた枝、美しい香水瓶のコレクション、バスルームの棚に見えるように置きたい素敵な石鹸などが、硬く冷たいバスルームの印象をがらりと変えてくれます。ゲストルームも「静物画」で生き返ります。訪れるゲストへの気遣いが感じられるから。ベッドサイドテーブルやチェストに、花を差した小さな花瓶や重ねた雑誌、香りのよいキャンドルなどをグルーピングしてみましょう。

きちんと整理されたアイテム：
キッチン、仕事部屋、子ども部屋

たくさん物が出たままの部屋もあります。そういう場所では「静物画」にそれをまとめるテクニックを使いましょう。まずはキッチンや仕事部屋ですが、子ども部屋でも意識的にグルーピングをして、物をまとめてきちんと感を出すと素敵になります。見ていてきれいなだけではなく、日常の実用性もアップ。キッチンならオイル、スパイス、カッティングボードをカウンターの上にグルーピングできますし、仕事部屋ではペン、絵筆、工具、作業道具、文房具などをまとめてはどうでしょう。おちびさんたちの部屋では、おもちゃ、ぬいぐるみ、絵本などをグルーピングします。

インテリアデザイナーの秘密のテクニック

それでもうまくいきませんか？　ではここで、プロのレベルへと飛躍できるグルーピングのヒントを紹介します。

高低差をつける

アイテムを違った高さにして視線を誘導し、外側の輪郭は傾斜させます。

重ねる

真横に並べないように。アイテムが重なるようにしてください。

奥行

三次元で考えて、「静物画」に奥行を与えましょう。前にひとつ、うしろにひとつ、スペースに余裕があればその間にも。

レイヤー

レイヤーがいくつも重なっているほうが、「静物画」はさらに躍動感が出てわくわくします。

動き

グルーピングの中で視線を誘導します、視線が螺旋を描くように。

コレクションを自慢しよう

集めているものはありますか？　それを「静物画」に飾ってみましょう。雑貨のグルーピングは、まったく別のものを集めなければいけないわけではありません。サイズがばらばらの陶器の花瓶だけ、色つきガラスだけ、ダーラヘスト〔スウェーデンの伝統工芸品の木彫りの馬〕だけでも素敵です。あなたが長年集めてきたもの──それが家の中に目を奪うような空間をつくってくれます。

三角形（正三角形か直角三角形）

仕上がりが四角になるのは避け、外側の輪郭が三角形になるように。グルーピングをするときに第一の三角形（まず目に入る大きな三角形）と第二の三角形（しばらく見ているうちに現れる小さめの三角形）をつくってみてください。

絵を飾ろう

　壁にデコレーションがなければ、完璧な家とは言えません。それなのにかなり多くの人が、空っぽのままの壁を長い間そのままにしています。壁に穴を開けたくない、絵を飾って失敗したらどうしよう、と恐れているのでしょう。

　重い腰を上げられるよう、ひとつアドバイスをしましょう。失敗したとしても絵を飾ってみた壁のほうが、空っぽのままの壁よりもずっといいはず！　斜めになったフレームを直すのは簡単ですが、空っぽの壁から生じる「真空」はごまかしようがありません。

モチーフの選択

　その絵を大声で歌わせるのか、ハミングするバックコーラスのような存在にするのか。モチーフを選ぶ前に、それが与える印象と刺激について考えてみてください。絵を飾ることで何を達成したいですか？　求めているのは感嘆符？　それとも控えめなモチーフ？

フレーム、額装マット、ガラス

「服が人を決めるなら、アートを決めるのはフレームだ」というのを聞いたことがありますか？ フレーム選びは何よりもアートの魅力を引き出すためで、インテリアのためではないということを覚えておきましょう。なのに多くの人が、モチーフよりも家具にマッチするよう選んでいます。木の種類、色、メタルの種類、縁の厚さが、モチーフに大きな影響を与えます。それがシンプルなプリントでも、高価なリトグラフでも同じこと。絵の寿命を長くしてくれる無酸性紙を選ぶのも大事ですが、ガラスも重要になってきます。優れたUVガラスなら、よい額装マットと同じようにアートを長もちさせてくれます。反射のない高品質のガラスなら、モチーフが鮮やかさを損なわず、安物のフレームとは印象が各段に異なります。

　なお、額装マットの断面が斜めになっているのは、モチーフに光を当てるため。また、モチーフがガラスに直接触れないようにする役割もあります。

一般的なアドバイス

- ソファやベッドの上の壁にいくつもフレームを飾るなら、家具のすぐ上から飾るのは避けましょう。見えている壁の3分の2を覆うくらいが適当です。
- よくある間違いは、フレームの位置が高すぎたり低すぎたりすること。いちばんいい距離は、絵の近くにどんな家具があるのかや天井高にもよりますが、目安として「145の法則」（次ページ参照）を使うか、フレーム群の中心線が床と天井の間のおよそ3分の2の高さにくるようにしてください。
- 明るいフレームは、モチーフがよく目立ちます。絵の内容からフォーカスを奪いすぎません。
- 暗い色のフレームはコントラストを生み、暗いモチーフ（黒白写真など）とのバランスをとってくれます。

145の法則

「絵は床からどれくらいの高さに飾るものですか？」アメリカのインテリアデザイナーやスタイリストたちは、「57 inch to the center」という経験則をよく口にします。つまり、フレームなど壁にかけるアイテムの中心点が、床から145㎝になるように。それが見る人にとっていちばん心地よい高さだと言われています。そうすると、モチーフがちょうどいい位置にくるのです。ただ、やみくもにそれに従うのも危険です。天井がやたらと高い部屋や、背もたれが極端に低いソファだと、つり合いがとれなくなります。でもこの法則を目安にして、最適な高さを見つけてみてください。

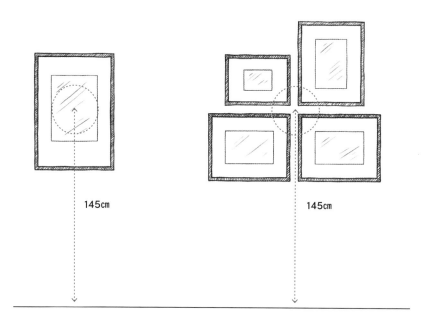

145cm　　　　　　　　　　145cm

フレームをたくさん壁に飾る方法と実例

　壁にフレームをたくさん飾る、その方法はいろいろあります。まずは、同じ外寸のフレームだけを使うか、異なるサイズのものを用意するかです。混ぜるつもりなら、少なくとも3つ異なるサイズがあるときれいです。大きいもの、小さいもの、それに中間サイズ。そうすると壁に調和が生まれ、大きいサイズと小さいサイズの架け橋になります。フレームは向きを変えることもできるので、全部が同じ方向を向かないように。同じサイズのフレームなら、縦向きと横向きを混ぜてください。

センターライン

一本の中心線を基準にして、フレームを横一列に並べます。フレームの中心が一直線になるように位置を決めます。

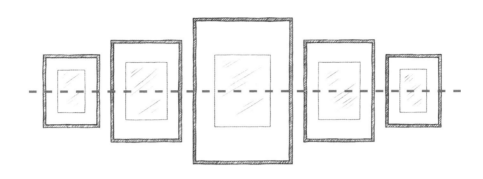

ベースライン

一本のベース線を基準にして、フレームを横一列に並べます。フレームの下辺が一直線になるように位置を決めます。同じフレームだけでも、異なるフレームを混ぜても使えます。

アッパーライン

　一本の線を基準にして、フレームを横一列に並べます。フレームの上辺が一直線になるように。

誘導ライン

　フレームをかけたときに目が斜め上に誘導されるようにします。縦向きと横向きのフレームを混ぜ、各フレームの間が等間隔になるように位置を決めます（フレームの間隔は通常5～10㎝）。

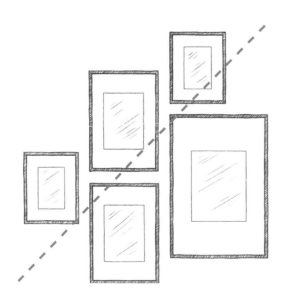

垂直ライン

異なるサイズのフレームを、中心が一直線になるように
縦に並べます。同じフレームだけを連ねるなら、フレーム
自体が一直線になるように。フレームのサイズが同じでも、
ばらばらでも使えます。特に、ドアの間や狭い通路などの
細い部分にぴったりです。

扇型ライン

四角いフレームばかりでも、ストイックで角ばった印象
を与えないようにするには、フレームを扇形にかけること
です。一枚のフレームを中心に据え、他のフレームが曲線
を描くようにかけましょう。外側の輪郭がまっすぐでなく
ても、パターンが存在するように見えます。

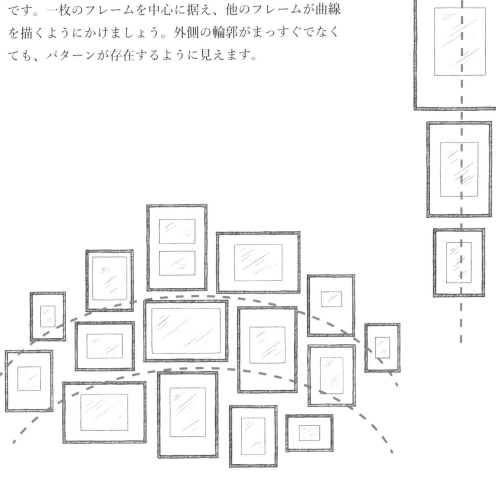

133

ボックス型

違ったサイズのフレームやモチーフを組み合わせる場合も、輪郭を正方形または長方形にすることで、一貫性のある落ち着きが生まれます。構成しているアイテムがばらばらでも、全体がまとまっているかのように目がだまされるのです。

主役を選んで!

壁にフレームをたくさん飾るといっても、どこから始めればよいのかわからないこともありますよね。わたしのとっておきのテクニックは、まずはお気に入りをひとつ選ぶこと。あなたにとっていちばんのモチーフはどれですか? まずそれを飾り、それから「仲間」を選んでいきましょう。そうすれば他のフレームがあなたのお気に入りのモチーフを引き立たせ、目立たせてくれます。

流れるような形

違ったサイズの絵やフレームをグルーピングすることで、壁に流れるような輪郭をつくることもできます。大きすぎたり小さすぎたりするモチーフがあれば、それほど高価なものでなければカットしたり、大きな額装マットに入れて大きなサイズのフレームを使うこともできます。

階段の壁のテクニック

　階段の壁にいくつもフレームを飾るのは、スペースや高さでアクセントをつけられるテクニックです。同じサイズのフレームをいくつも繰り返して飾るのも素敵ですが、階段のステップの上昇に合わせて異なったフレームを飾ることもできます。段からフレームの下辺までを測り、絵の中心線も階段の上昇にマッチするようにしましょう。

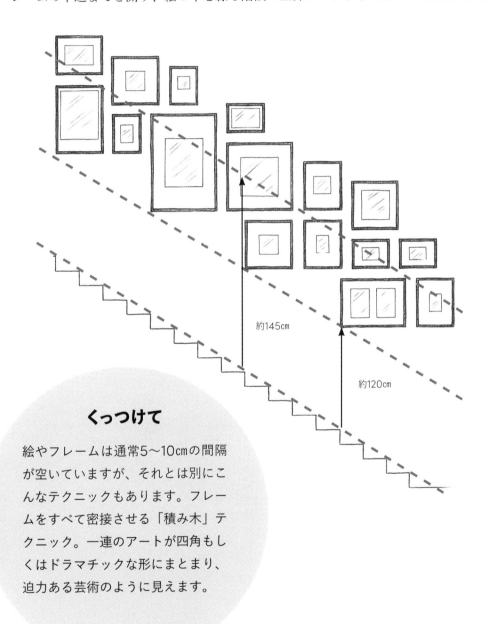

約145cm

約120cm

くっつけて

絵やフレームは通常5〜10cmの間隔が空いていますが、それとは別にこんなテクニックもあります。フレームをすべて密接させる「積み木」テクニック。一連のアートが四角もしくはドラマチックな形にまとまり、迫力ある芸術のように見えます。

部屋の隅に絵を飾る

　ソファやベッドの後ろの壁など、当然のようにここは絵やフレームで埋めようと思う壁があります。その一方で、なかなか思いつかないような壁も。たとえば、部屋の隅。読書コーナーにしている部屋の隅なんかも、絵をアクセントにすることができます。そうすると、部屋の中にまた別の部屋できたような雰囲気になります。

絵やフレームで壁を飾るときの実用的なヒント

− 大きくて視覚的に重いモチーフ・フレーム・絵画は、壁の左側に配置します。ほとんどの人は左から右に読むからです。
− 大きなフレームのものは重心の役割を果たすので、壁の下のほうに配置すると効果的です。
− ソファの後ろの壁にかける場合は、フレームがソファの背もたれから15〜30㎝は上になるように。そうでないと、ソファに座ったときに頭がフレームに当たり、座り心地が悪くなります。
− ダイニングテーブルの近くに絵をかけるなら、中心点を普通より少し下げて、食事中に座った位置からも楽しめるようにするとよいでしょう。

釘を打つ前に!

　壁がスイスチーズみたいに穴だらけになっては困りますよね。作業を始める前に、準備は念入りに!　いろいろな構図を試してみましょう。決めるまでは釘を打たなくて済む方法がいくつかあります。

床で試す

　壁にかける前に、その壁の前の床でフレームの構図をいろいろと試してみましょう。ベストな組み合わせを見つけるために、フレームをすべて床に広げてレイアウトします。そうすれば壁に穴を開けることなく、間隔や並べ方を試すことができます。

テープで試す

　新しいフレームを購入すると、中にシートが入ってきます（フレームのサイズ等の情報が印刷されているもの）。それを捨てないで！　釘を打つ前に、その紙をテープで壁に貼って、フレームの配置を試してみましょう。古いフレームを使う場合は、ベーキングシートや包装紙でも応用できます。紙にフレームの外枠をなぞってハサミで切ればいいだけ。壁紙に貼る場合は、きれいにはがれるテープを使ってください。

カット＆ペーストで試す

　まだ引っ越していない場合や手軽に試したい場合、定規と方眼紙を使って小さな縮尺でやってみましょう。フレームのサイズに応じて切り取ってください。

レシピどおりか即興か

　これが料理なら、調理を始める前(＝壁に釘を打つ前)に材料をすべて購入しておくのがいちばん楽です。でも現実はそんなに単純ではありません。少なくとも、インテリアに関しては。希望、直感、生活習慣に基づいて、いくつも決めなければいけないことがあります。すぐにこれという答えが見つからないときや、まずは必要な絵を購入するためにお金を貯めなければいけないことも。でもその間、壁が空っぽのまま生活してもらいたくはありません。あなたがすでにもっているものから飾りはじめ、そこから成長させていけばいいと思うのです。小さな釘の穴なんて、すぐにパテで埋められます。たった一枚の絵でも、何もないよりずっと素敵。必要なものがすべて揃ったと思っても、床で試してみたらやっぱりこれはいらない、もっとこういうのが必要だ……となるもの。だからいちばんいいのは、とにかくあるもので始めること！

前に使っていたプラスチック製のコンクリート用ネジプラグを壁から外すには、ワインのコルク抜きが便利です。

フレームを混ぜても大丈夫?

　同じ壁に違った種類のフレーム、木の種類や素材を組み合わせてもよいもの?　もちろん!　そのほうが躍動感が生まれます。特にモチーフがモノクロ（白黒写真など）の場合は、異なるフレームをミックスすることで折衷主義的な雰囲気に。もっとリラックスした雰囲気にしたければ、フレームの形状がいろいろでも、同じ色や温かいメタルか冷たいメタルで統一すると、ミックスが「赤い糸」でつながります。

アート写真を安く手に入れるテクニック

　アート写真は人気がありますが、値段が高いのが難点。美しい写真で壁を飾りたいけれど、予算は抑えたいですか?　それなら最寄りの本屋に直行して、光沢のある紙のライフスタイル誌やファッション誌を選んでください。フォーマットが大きいほどおすすめです。紙の品質をよく確認して。硬くて立派な紙ほどアートとしての寿命が長くなります。薄い紙だと時間が経つとぼこぼこしてくることもあるので。雑誌の中から、テキストの入っていない素敵なモチーフやファッションを探してください。鋭利なハサミやカッターでページ全体もしくは一部を切り取ります。額装マットで調整して大きなフレームに入れることもできます。額装マットは標準サイズなら購入できますし、ほしいサイズを特注することもできます（ただし値段は高くなります）。手先が器用なら、クラフトショップで硬い厚紙を購入し、定規とカッターを使って自分で額装マットをつくってみましょう。

! 大きなアートを飾る場合に覚えておいてほしいこと。大きなモチーフは、目がそれを理解するために距離が必要です。壁とそのそばにある家具のバランスも大事ですが、鑑賞に必要な距離を考えてください。少し離れた位置からモチーフを鑑賞できるような家具の配置になっていますか?　それとも、至近距離からしか見えないようになってしまっていますか?

窓を飾る

　窓辺にあしらわれたアイテムは家の内側からも外側からも見えるので、スタイリングをするメリットが倍になります。それでも、わたしの知るかぎり、窓のスタイリングに困っている人はたくさんいます。全員に同じアドバイスができないのは、窓のモデルが違うと条件や問題点がまったく変わってしまうから。p. 60〜71の年代別の家の紹介でも、窓の外観や形がどれほど変遷を遂げたのかよくわかると思います。1900年代初頭の格子窓といまのパノラマウィンドウでは、ラインやサイズバランス、自然なフォーカルポイントもまったく違ってきます。あなたが行きづまっている要因は、以下のようなものかもしれません。

窓枠の状態、格子の有無

　まずは窓の条件をよく確認してみましょう。どんなフレームですか？　ガラスのサイズ、フレームの色、格子窓ならいくつに分かれているのか、外寸、形状。どの時代のスタイルですか？　目を引くようなラインや角度はありますか？　それともただ大きな窓がはまっているだけで、調和のとれた構図をつくるのが難しそうですか？　そういった条件が、カーテンや植木鉢、ランプなどを選ぶときの大きさに影響してきます。

窓台、窓辺のシェルフ

　古い家は外壁が厚く、窓台の奥行も深いものです。大きなアイテムが置けるのは嬉しいですが、そのスペースにすべて飲みこまれてしまうという欠点があります。だから怖がらずに、大きな植木鉢やランプをあしらってください。この場合は、アイテムが少なすぎると見栄えが悪くなります。小さいものをたくさん並べるよりも、大きなアイテムをいくつか飾ったほうが全体に調和が生まれます。新しい家は窓台の奥行が狭いことが多く、植物やランプで構成しづらいもの。高さは出せますが、幅や奥行にかぎりがあるからです。その場合は下から上へとスタイリングするのではなく、植物など目を引くようなアイテムで上から下にもやってみてください。バリエーションと高低差が生まれるテクニックです。

ハンドルやノブ

　古いグレモンハンドル〔レバーハンドルとドアロックが連動した鍵〕なら、アンティークな窓枠と同時に視界に入るのが美しいですが、最近の機能的なアルミ製のハンドルを強調したいと思う人はあまりいないでしょう。強調したいのかごまかしたいかによって、目線をどう誘導するかを決めればいいのです。意識的にフォーカルポイントをつくり、そこに視線を集中させてください。

　ハンドルから目をそらすためには、窓の縁をたっぷりとした植物のカーテンで飾りましょう。自然に視線がそこへ流れるような個性的な植木鉢、素敵な「静物画」や窓辺のランプも。美より機能を重視するなら、文字どおりスポットライトをそこに当てればいいのです。植木鉢や雑貨はメタルの種類や素材を揃えて、アクセントにします。

景色

　窓の向こうに何が見えますか？　その景色を強調したいですか、それともさえぎりたいですか？　窓の向こうが寂しげなら、自然光さえ入ればそれでいいかも。ガラスの向こうが絵画のように美しいなら、装飾は多すぎないほうがいいでしょう。

方位

窓がどの方角を向いているのか、それを知っておくのも大切です。そのほうがスタイリングがうまくいくし、何かを選ぶときの目安にもなります。色やカーテンが日焼けしやすいかどうかも関係してくるし、どんな植物が適しているかは言わずもがなです。

プロポーション

窓が大きいほど、大きな筆づかいが必要です。植木鉢や植物を選ぶときは、窓枠のサイズを考えてください。小さすぎて雑然としないように。

配置

同じアイテムをずらりと並べても、躍動感は生まれません。窓周りがフラットに感じられるのは、繰り返しや左右対称が多すぎる、バリエーションが少なすぎるからでは？　あちこちに散らばっている植木鉢を集めて、グルーピングしてみてください。そうやって空間に不規則なリズムをつくり、視線の動きが直線的にならないようにします。窓辺にあしらうアイテムも、高さと形をよく考えて。ここでもコントラスト効果が使えます。丸みのあるものと角ばったもの、やわらかいものと硬いもの——など。「並列配置」と「コントラスト」の項（p. 34）を読み直して、素敵な構図を探してください。

高低差

高さに差をつけるだけで窓はもっとずっと素敵になるのに、とよく思います。窓の縁だけでなく、フレーム外もそうです。鉢植えの植物を窓台から下に垂らしたり、植物のカーテンのように窓枠に沿って上に這わせたり。緑がふさふさした植物を真ん中に据えたり。そうやって、「繰り返し」を防ぎます。円など他の輪郭で躍動感を出したければ、キャンドルスタンドが非常に便利なアイテムです。クロング（Klong）社のキャンドルスタンド「Gloria」はその独特な丸い形状で人気がありますし、スクルツナ（Skultuna）社のクラシックなモデル「Liljan」や、モジュール式で横に連結していける「Nagel」も、奥行の浅い窓辺で横に並べやすいアイテムです。

ランプと照明器具

照明は窓のインテリアの重要な一部。暗い冬は特に、家の中から見ても外から見て

も、居心地のよい調和のとれた雰囲気を感じさせてくれます。まずは必ず窓台の奥行を測ってください。特にアートのようなデザインランプを買ってしまう前に。予定どおりそこに収まりますか？　落ちてしまいそうなことはないですか？　各部屋の実用性を考えて、スタンド照明とペンダント照明のバリエーションをつけてください。

　小さな子どもの部屋では、自立式のランプはコードが足に絡まるリスクがあるため、吊り下げるモデルのほうが実用的です（窓の上中央にコンセントがない場合、釘で止められる白いケーブルホルダーを利用）。ローマンシェード（カーテンシェード）やブラインドをつけた窓の場合には、そこにさらにペンダントライトも吊るすのは実用的とは言えません。自立式の照明（脚つきのものか、アートのような照明）が魅力と機能の両方を発揮してくれます。

装飾品

　大きな窓がついた直線的で角張った家なら、そのイメージを有機的な形や不規則な輪郭で壊してみましょう。先述のキャンドルスタンドのほか、ブックスタンド、彫刻、花瓶などが使えます。

カーテン

　服やファッションと同じく、カーテンの吊るし方にもトレンドがあります。長さ、ボリューム、カットは、スタイルや好みに応じて変わるもの。どのモデルを選ぶにしても、知っておくとよい目安や寸法をここにまとめておきます。

　わたしたちが窓に布をあしらうのは、実用性と美しさの両方から。断熱が不十分な古い家に住んでいるなら、カーテンが窓からの冷気や隙間風を軽減してくれます。部屋を暗くしたり、不快な光をさえぎったり、コンピュータやテレビに日光が反射するのも防いでくれます。

　カーテンの色や生地、その模様で、部屋の雰囲気があっという間に変わります。厚いベルベットのカーテンは薄く繊細な生地とはまったく違った印象になるし、柄物のカーテンを吊った壁は、壁紙を張った壁と同じ効果があります。インテリアデザイナーやスタイリストは、カーテンを利用して目の錯覚をつくり、必要に応じて窓や部屋を大きく見せたり小さく見せたりしています。

　新築のモダンな住宅では、断熱や隙間風の悩みは減りました。ところがガラス面が大きくなるにつれて別の問題が現れ、カーテンも以前とは違った機能をもつようにな

りました。大きな窓は中もよく見えてしまいます。特に人口が密集している地域では、気になる点です。そんなとき、薄手の布なら採光の邪魔になることなく、視野をさえぎりつつプライバシーを守ってくれます。ふんわりした布は、ストイックなモダン建築にやわらかさも与えてくれます。四角くて硬い印象の部屋をアットホームな雰囲気にしてくれるのです。カーテンは厄介な音響も軽減してくれるから、調和のとれた音環境をつくるのにも一役かっています。もちろん、家具のファブリックや床を強い日光から保護してもくれます。

カーテンレール（機能性レール）とカーテンロッド（装飾性レール〔ポール状のもの〕）

　カーテンを吊るすための器具やフックはとてもたくさんあります。大きく分けると、ロッドとレールのどちらを選ぶか。昔ながらのカーテンロッドは、取りつけが簡単です。窓の両側の壁にブラケットをつけるだけ。ロッドはあまり目立たず背景に溶けこむものもあるし、装飾的なキャップがついているものはスタイリングの一部になります。カーテンロッドの利点は、幅を簡単に調整できること。たいていは中央で分かれていて、ぐるぐる回して希望の長さに調整できます。取り外しも簡単なので、引越しても使えます。カーテンの吊るし方は、シンプルに紐で結ぶタイプからハトメカーテン、リングにクリップがついたものなど、多くのバリエーションがあります。

　カーテンレールも、特に天井から吊るタイプのものは、最近とても人気があります。カーテンロッドのようにブラケットで壁に取りつけるか、天井に直接取りつけます。その場合は壁の端から端まで、もしくはきれいにコーナーを曲がるようにします。レールは希望の寸法に切断するか、オーダーメイドに。レールはあまり目立たず、スライドフックも見えないようになっているモデルが多いです。あまりスペースをとらないので、カーテンを重ねたければ、複数のレールを並べてつけることもできます。外から見えないようにする薄い布地と、厚手の遮光カーテンを重ねてもいいですね。

！

カーテンで天井回りの美しいスタッコ（化粧漆喰）を隠さないでください。カーテンロッドやカーテンレールは、スタッコより下につけましょう。

カーテンロッドの長さと位置

カーテンロッドの長さと位置を決めるには、窓の外枠の幅を測り、その両側に少なくとも10㎝の余裕をもたせます。次にそこから少なくとも10㎝上にブラケットを取りつけます。それが、推奨している最小サイズです。自然光をなるべくさえぎりたくない場合、または窓を大きく感じさせたいなら、幅と高さに10～数十㎝足してもOK。ただし、隣の壁や家具にぶつからないように気をつけて。最近ではカーテンロッドが窓枠の外側に30～40㎝出ているのが主流です。カーテンロッドが長かったりカーテンが重かったりするなら、ブラケットがもっと必要になることもあります。

カーテンレールの取りつけ位置にも、同じことが言えます。部屋の端から端まできっちりレールを引く場合は、必要なレールの長さは壁の全長と同じになります。天井から吊り下げるなら、レールが壁に近くなりすぎないように。壁に押しつけられた状態では、カーテンにひだができません。また、スムーズに開閉できなくなります。カーテンの重量が集中する位置は、追加のネジやブラケットで補強しましょう。

カーテン生地はどのくらい必要?

カーテン生地の計算でよくある失敗は、窓の幅を基準にしてしまうこと。そうではなく、カーテンロッドまたはレールの全長を測り、カーテンのヒダの数と深さに応じて、1.5～2倍にします。わたしはいつも、2mの生地にヒダが入って1mのレールにちょうどいいと計算しています。柄の入ったテキスタイルでカーテンをつくる場合は、柄のリピートも考慮してください。店頭に行けば、リピートの幅の寸法が表示されています。

どのくらいの丈が適当?

カーテンの丈と幅は好みですし、スタイルや雰囲気によっても変わります。もっとも一般的な丈は以下になります。

ミドル丈のカーテン

窓の下2～3㎝。

ロング丈のカーテン

いくつかスタイルがありますが、いちばんよく耳にするアドバイスは、「カーテンの丈を短くしすぎないこと」。カーテンを仕立てる職人さんたちの多くは、カーテンが床から2～3㎝上になるようにするそうです。

アイロンで裾を始末できる「カーテン裾直しテープ」なら、丈を調整するのにミシンは必要なし。要るのはハサミとアイロンだけ。

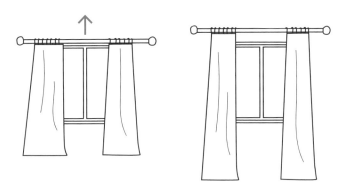

ロッドが窓枠のすぐ上にならないように。窓が小さく見えてしまいます。窓
枠より少し上につけましょう。どのくらい上かは、天井まであとどれくらい
かにもよりますが、普通は最低10cmと言われています。

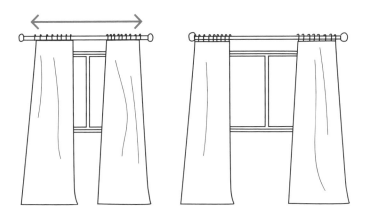

カーテンが自然光をさえぎらないよう、窓の横にかかるように。目をだまし
て、窓を実際より大きく感じさせる効果も。窓がどこで終わっているかわか
らないように、カーテンで端を隠すわけです。

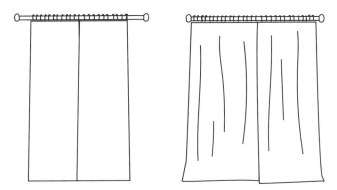

生地はケチらずに。目安はカーテンロッドの1.5〜2倍。

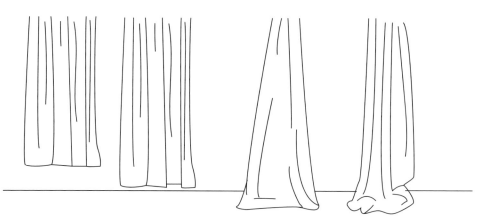

NG：床から高すぎ
（生地が足りなかっ
たみたいに見える）。

OK：裾が床にキス
するように（あつら
えたような雰囲気）。

いまいち：カーテン
の裾が床に広がって
いる状態（適当にや
ったか、仕立てを間
違えたみたいに見え
る）。

雰囲気に合うなら
OK：カーテンの裾
が水たまりになるよ
うに（「パドリング」
と呼ばれます）。

　生地がちょうど床に触れるくらいにしたければ、裾を床から1cm上に。引きずらな
いけれど、床ぎりぎりに収まります。思い切って丈を長くして、水たまりのようにす
る手法もあります。その場合は、意識的にやっているのがわかるようにたっぷりたら
してください。裾がちょっと床に接している程度だと、だらしなく垂れているように
見えてしまいます。

カフェカーテン

　カフェカーテンの丈は、窓のサイズやカバーしたい範囲にもよりますが、一般的な
仕上がり丈は40〜45cmです。

カーテンの裾は2回折りたたむと、見た目がきれいです。裾にカー
テンウエイトを入れると、薄い生地のカーテンも収まりがよくな
ります。

部屋別のスタイリング

　家具には当然、ニーズを満たしつつ、目指す雰囲気を最大限に引き出してほしいと思いますよね。同じように、窓のスタイリングもその部屋の役割をとっかかりにして、全体の雰囲気を仕上げていきましょう。

バスルーム

　防水素材が使われるバスルームは、硬くてフラットな印象の部屋。窓があるなら、グリーンや小物をあしらって、やわらかさを与えましょう。植物を目隠しに使ったり、美容グッズをすぐ手に取れるようにしてみては？　わが家では、日陰になった2階のバスルームの窓辺に、お気に入りの香水を集めました。すぐに手が届くし、使っていないときでも見た目がきれいです。ただし、窓の方角は必ず確かめてください。日当たりがよすぎると、日中の強い太陽光でクリームや香水がダメになってしまいます。窓のサイズによってはカーテンを吊るしたり、目隠しをしたり、保護フィルムを張るという選択肢もあります。

キッチン

　キッチンの窓辺は、装飾としても実用的な収納としても利用できます。カウンターやダイニングテーブルまでの距離にも拠りますが、グリーンに日用品や手近にあってほしいものを組み合わせてみてください。スパイスのすり鉢、美しいじょうろ、アンティークの秤、手づくりの陶器、大皿にのせた未熟なトマト。こういったものを鉢植えの間に取り入れると素敵です。

　食べものや油が飛び散るので、キッチンでは天井から床まであるような丈のカーテンは見かけません。ローマンシェード、カフェカーテン、窓用の目隠し——どれがいいかは、キッチンの窓の形や位置によります。あなたの好きなインテリアスタイルや、家が建った時代からもインスピレーションを探してください。クラシックなビストロ風キッチンなら、クラシックなカフェカーテンはいかがですか？　カントリー調の素朴なキッチンには、昔風のローマンシェードとか。窓がコンロよりもダイニングテーブルに近いアールデコ風のエレガントなスタイルなら、天井から床まであるカーテンがぴったりなのかもしれません。

リビングルーム

　リビングのカーテンは、日光をさえぎるために大きくてたっぷりしたものになります。この部屋ではカーテンを二重にするのもいいアイデアです。薄い布地で光だけを通し、外から見えづらくしておいて、もう一枚ぶ厚いカーテンで完全に光を遮断すると、映画やテレビゲームのときに便利です。部屋のスタイルと窓のサイズによっては、窓辺を植物や照明だけでなく、キャンドルスタンド、本、花瓶などで飾ってみても。

ベッドルーム

　ベッドルームには調和のとれたリラックスできる雰囲気がほしいはず。一日を気持ちよく始められて、夜は落ち着いた気分で一日を終わらせられるのが理想ですよね。室内の音を吸収しつつ、居心地のよい雰囲気をつくりましょう。たっぷりした布地のカーテンがおすすめ。カーテンロッドやレールから、天井から床までの丈の遮光カーテンを吊るします。大きな植物は夜の間に酸素を出してくれるし、部屋に温かみを与えてくれます。天井についたメインの照明やベッドサイドの読書灯だけでなく、雰囲気をつくってくれる照明をいくつも組み合わせてみて。窓辺に調光可能なランプがあると、穏やかな夜のために雰囲気をつくり、朝は朝で部屋が完全に明るくなる前にゆっくりとスタートを切らせてくれます。

仕事部屋

　わたしの仕事部屋は北東向きなので、コンピュータで作業するのにちょうどいい量の光を入れるために、金属製のブラインドではなく、ひだのないカフェカーテンと白い布のプリーツスクリーンをつけています。どのカーテンが適しているかは、部屋がどの方角に向いているかによって変わります。わたしは窓辺に大きな観葉植物と仕事グッズ（缶に入れたペン、筆、定規など）をあしらいました。家族の写真や美しいレターウェイトも並んでいます。その部屋にあって当然のアイテムや、そこで働く人が見ただけで前向きな気持ちになれるようなものを飾るといいと思います。

子ども部屋

　まだ小さな子どもの部屋は、窓辺によくあるスタイリングをするのは難しいかもしれません。ランプは落ちる可能性があるし、植物は有毒のものも多いので、うっかり口にされては困ります。代わりに素敵なおもちゃ、本、レゴ作品、工作などを飾ってみては？　ここで高低差をつくるコツは、窓枠の上部から何か吊るすこと。ペンダントライト、プラントハンガー、ガラスのプリズムが美しいモビールなど。糸に吊るした小さな人形は、静かに回り続けて部屋に美しい影を広げてくれます。眠れないときにも眺めていると、心が和みそう。赤ちゃんだけでなく、ティーンエイジャーの部屋にも同じことが言えます（ただし人形の種類は年齢に適したものを！）。

方角別、窓辺の植物の選びかた

　窓辺の植物を選ぶときは、植物のニーズを考えてあげてください。大半は国内で栽培されているとはいえ、もともとは別の種類の光や異なる湿度の世界出身です。あなたの窓の方角や気温によって選んだほうが、元気でいてくれるでしょう。日中の光と温度は、窓によってかなり違ってきます。以下のアドバイスは、あなたが北半球に住んでいる場合です。

北向きの窓──日陰、涼しい

適した植物：花のない緑の植物や、大きくてやわらかい葉の植物。もともとは地面で育つタイプの植物が適しています。採光が悪くても生き残れる可能性が高いからです。
注意：北向きの部屋では、窓から離れた場所に植物を置かないように。植物が生きるには暗すぎます。どんな植物でも、光合成のために光が必要です。

南向きの窓──非常に明るく、時間帯によっては強い太陽光

適した植物：たっぷりの太陽と暖かいところを好む植物。色が緑ではなかったり、模様の入った葉の植物は、通常明るい場所でしか生きられません。白い葉が多い植物ほど、たくさんの日光を必要とします。肉厚の葉や熱帯植物だけでなく、乾燥した砂漠地帯の植物（サボテン、多肉植物、その他とげや生毛のある植物）は、たくさん日光が当たる南向きの窓でも平気です。

注意：晴れた日や夏の間、南向きの窓は非常に熱くなります。頻繁に水やりをするのを忘れないように。ただし昼間の水やりは避けてください。残った水滴が太陽に熱され、葉を焼いてしまうリスクがあります。

東・西向きの窓——非常に明るいが、昼間に強い日差しがない
適した植物：この場所はたいていの植物にとって居心地がいいので、植物の選択肢が広がります。
注意：窓の外には何がありますか？　建物、大きな木、バルコニーなど、陰になるものがあるなら、東向きの窓も北向きと同じくらい光が足りません。植物を選ぶときに覚えておいてください。

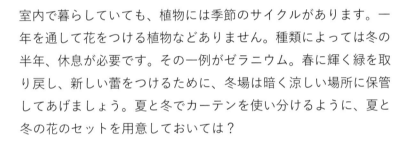

室内で暮らしていても、植物には季節のサイクルがあります。一年を通して花をつける植物などありません。種類によっては冬の半年、休息が必要です。その一例がゼラニウム。春に輝く緑を取り戻し、新しい蕾をつけるために、冬場は暗く涼しい場所に保管してあげましょう。夏と冬でカーテンを使い分けるように、夏と冬の花のセットを用意しておいては？

音響を整えよう

　新築のアパートや一軒家はオープンな間取りになっていることが多く、音響に悩まされることがあります。壁が少ない上に表面が硬く、音の振動がどんどん伝わっていき、困った音環境をつくってしまうのです。やっかいな音や反響を和らげるためのインテリアのテクニックをまとめました。

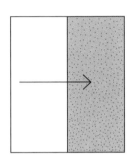

吸音

　吸音性のある面を利用すれば、耳ざわりな音の反響を弱めることができます。音波を吸収してくれるからです。ただし、部屋の防音性が高くなりすぎると、圧迫感を感じてむしろ不快になることも。なので、吸音性のある面が多くなりすぎないバランスが大切です。

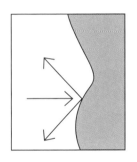

拡散

　音を吸収する代わりに拡散して、さまざまな方向に分散します。

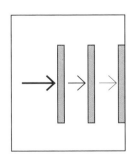

軽減

　部屋を小さなエリア（音響ゾーン）に分けることもできます。家具や間仕切りスクリーンを利用して、音波に対するバリア代わりにします。

テキスタイル

　やわらかい生地には吸音性があります。カーテン、クッション、ブランケット、テーブルクロス、垂らした布、タペストリーなどを利用できますし、フレームに布を張ったものでも。重い生地ほど効果があります。ウール、ベルベットなど、密度の高いテキスタイルを思い浮かべてみて。ホテルのように天井から床まであるカーテンもおすすめです。二重のカーテンレールにすれば、光は通すけれど目隠しになる薄い生地と、日光を完全に遮断する厚い生地を重ねられます。カーテンを壁から最低10㎝離すと効果的。カーテンのひだが多いほど、吸音性が高くなるからです。

本棚

　本が詰まった本棚は優れた吸音材。その材質と不規則な形状が、音波を跳ね返さずに途切れさせてくれるのです。オープンな間取りの部屋なら、壁を本棚で覆ったり、背の低い本棚を部屋の間仕切りにすることで、音の流れにブレーキをかけられます。

布張り家具

　ソファ、アームチェア、オットマンなどの布張りの家具は、低音を軽減してくれます。背もたれつきの布張りの家具は、オープンな間取りの部屋のバリアにもなります。家具の配置を工夫してみてください。部屋の奥にソファを2台向かい合せたほうが、壁ぎわに大きなソファを1台だけ置くよりも効果があります。

ラグ

　ラグは硬いフローリングの床の足音を軽減してくれます。毛足の長い大型のマットやラグは、音響のひどいベッドルームや子ども部屋に適した吸音材ですが、厚みのあるタイプを選んで。薄いものだとあまり効果は期待できません。

耳ざわりな音の例

- 残響が響いてしまうような硬い面
- 玄関ドアや室内ドア、クローゼットのドア、キッチンの棚や引出しを開閉するときの摩擦音
- 床の足音
- 椅子が床を引っかく音
- 冷蔵庫、冷凍庫、食洗機、洗濯機などの振動音
- 換気システム、エアコン、換気扇
- 下水管や暖房のラジエーターの中を液体が流れる音
- コンピュータなどの電子機器
- 交通量の多い車道
- バス、緊急車両、路面電車、電車、地下鉄
- 飛行機
- 工事現場や改修工事の騒音
- 少し離れた公園、学校、幼稚園・保育園から運ばれてくる音
- 壁の遮音性が不十分なために洩れ聞こえる隣の部屋の音

植物

　大きな葉の観葉植物は、大きな硬いガラス窓に音が到達する前にブレーキをかけてくれます。部屋の角が音環境の悪化の原因になっていることもあるので、植物を飾るのは窓だけではなく、部屋の隅にも室内用の大きな木やつる植物を配置してみてください。

やわらかい素材、硬い素材

　硬い素材の家具、大きなメタルのランプシェード、ガラス扉のついたキャビネット、コンクリートやガラスのテーブルトップは、不快な音をさらに強めてしまいます。新築の家の家具を購入するときは、やわらかくて吸音性のある素材を多く混ぜるよう計画してください。

　音響に相当問題があるようなら、天井や壁、大きなテーブルトップの裏に吸音ボードを張るという選択肢もあります。

不快な音響には意図的に音楽を

　ホテルやショップ、レストランでは、音楽を使って雰囲気づくりをしています。食器の音やロビーでの話し声、その中でも常に、心地よいバイブレーションを生むBGMがかすかに流れています。家でもそれを試してみてはどうでしょう。小さな音のBGMが、あなたの感覚をネガティブに刺激している他の音を負かしてくれるかもしれません。ホテルによっては独自のプレイリストをつくっているところもありますから、それを真似するのもありです。

空間への挑戦

　自宅の個性がもつ前提条件に必ず満足できるわけではありません。狭すぎる家もあれば、天井が低すぎる家、大きすぎて空虚に感じられる家もあります。その印象を変えるためにはテクニックが必要です。

　この項では、部屋を大きくまたは小さくするコツをシェアします。感覚をだます、と言ったほうが正しいかも。よく、小さいスペースを大きく感じさせるためにはどうしたらいいですかという質問を受けます。一方で、それとは逆の問題を抱えている人もいます。空間が大きすぎると、居心地のよさが出ません。この項はその2つに分けておきます。

部屋を大きく感じさせたい場合

　狭苦しく暮らしている場合は、もっと空間とボリュームがほしいですよね。

明るい色を選ぶ

　軽快な明るい色を壁、天井、家具に選べば、暗い色よりも空間を広く感じさせてくれます。

窓をさえぎらずに光を存分に入れる

部屋にたっぷり自然光がほしいなら、家具などで窓をさえぎるのはばかげています。インテリデザイナーも、部屋に光が入るのを防ぐような家具の配置はすすめていません。

適切なサイズとスケールに仕上げる

大きくて場所をとる家具は、部屋が窮屈で家具が多すぎる印象を与えます。部屋のサイズと条件に合ったインテリアを選びましょう。「三角構図」（p. 25）および「比率とサイズ」（p. 41）を参考にしてください。

明るい生地や家具を選ぶ

暗くて重いテキスタイルは、小さな部屋をトーンダウンしてさらに小さく見せ、音響も不快なレベルまで減少させてしまうことがあります。繊細な明るい生地で軽快な雰囲気を出しましょう。詳細は「視覚的な重さ」（p. 31）を参考にしてください。

ラインで錯覚を

壁の垂直な線は天井高を実際よりも高くし、水平な線は部屋の幅を広げます。キャビネットなら低くて幅広のものではなく、縦に長細いものを。詳細は「ライン」の項（p. 28）を。

鏡でだます

鏡は視覚的に部屋を広く見せてくれるし、室内に光を広げるのにも役立ちます。鏡が大きいほど、効果も大きくなります。

隅にアクセントを

部屋の隅を照らしてスタイリングすると、空っぽのままよりも部屋が広く感じられます。

遠近感のある絵画を選ぶ

絵画を選ぶときも考えてみてください。遠近法を使ったもの（風景画、室内画、一点透視図法）が部屋に奥行と空間を与えてくれます。

奥行の浅いキャビネットや本棚を選ぶ

選べるなら、奥行の浅い本棚、サイドボード、キャビネットを。メーカーによっては違った奥行のモデルを用意しています。標準より浅い奥行を選ぶと、見る人の目をだますことができます。奥行60cmではなく30または40cmのものを。たいした差には思えないかもしれませんが、かぎられたスペースでは大きな違いを生みます。

床をフリーにする

床面がたくさん見えている部屋は、実際よりも広く感じられます。これは、多くの不動産業者が使っているトリックです。ラグもなく、普通の家より家具も少ない広告写真を見たことがあるでしょう。部屋を実際よりも広く見せるために、意識的にそうしているのです。

床をたくさん見せて実際よりも広いと錯覚させるために、棚は壁に取りつける、ソファテーブルはガラス面のもの、小ぶりの家具を置く。さらに、意識的な家具の配置（家具の間にあえて空間をつくる）を心がけましょう。

デッドスペースを利用する

目に入らないような小さなスペースを収納に利用するのが、コンパクトリビングの極意です。ベッドの下、クローゼットの上、キッチンの棚の奥、ソファの下、洗面台の下、室内ドアの裏など、デッドスペースをフル活用しましょう。スマートな引出しやバスケット、フック、またはつくりつけのソリューションを使って、新しい収納スペースを生み出します。

部屋を小さく感じさせるためには

新築物件を購入した人や建築会社向けにセミナーをすると、オープンな間取りにどうやって空間をつくっていけばいいのかという質問を受けます。モダンな家の多くはとても広々としていて、それ自体はよいことですが、気分が落ち着くような「隠れ家コーナー」をつくるのに苦労します。大きすぎる部屋を小さく見せ、よりコージーでアットホームな雰囲気を出すためのコツはあるのでしょうか。ええ、もちろんあります。たとえば、部屋を大きく見せるのとは正反対のテクニックを使うこと。暗めの色を選択し、鏡を避け、大きな壁を収縮させる効果のある柄物の壁紙を張ります。それに加えて、「壁がない」という問題を解決するテクニックもたくさんあります。

ゾーニング

　キッチン、ダイニング、リビングに境界がないオープンな間取りの場合は、壁に色をつけるか、家具をはっきりしたグループに分けて配置して、ゾーニングをしましょう。ペンキや壁紙、ラグといった視覚的なマーカーを使うか、長いキャビネットやサイドボードなどの間仕切りを利用して、広い部屋の中にもうひとつ部屋をつくるのです。各ゾーンの主な目的（料理、食事、社交、リラックス）をベースに最適化していきます。

中心から外へと家具を配置

　広い部屋では、家具のサイズはそれほど大きな問題ではありません。なので、贅沢に部屋の中心から外に向かって家具を配置するか、壁に沿わせるのではなくアイランド風にまとめるのも手です。

セクションごとの照明

　オープンな間取りの広い部屋でも居心地のよさを出したければ、照明を絞ってやわらくします。壁のスイッチに調光器をつけたり、調光機能のあるランプを購入しましょう。大きな部屋全体を照らすのではなく、分割して別々に照らすことで、異なるゾーンの存在を明確にし、実際には壁がなくても、守られたような安心感を生み出すことができます。テーブル上にランプを吊るなら、その光があなたの決めたゾーンを円で囲んでいるようにしてください。

テキスタイルに助けてもらおう

　テキスタイルをたっぷり使い、壁、床、家具などを布地でやわらかく覆えば、広々とした部屋に元気がみなぎります。音響が改善されるだけでなく（前の項p. 151を参照）、温かく居心地のよい雰囲気になります。

目線より上も飾ろう

目線より上にインテリアを飾るなんて無駄に思えるかもしれません。でも天井高が高すぎるのが気になるなら、目の高さだけで装飾された部屋はそっけなく見えてしまいます。高い壁をあえていちばん上まで利用すればいいのです。勇気を出して大胆にやれば、包みこまれるような温かさを実現できるはず。わたしの撮影スタジオは元紡績工場を改装したもので、天井高が4mもある古い工業用建物です。内装を考えるときには、そのアプローチを使いました。巨大な壁いっぱいにフレームを飾りつけ、壁の棚も普通よりはるかに高くまでつけると、それまでとはまったく違った温かい雰囲気が生まれました。

入口に背を向けるようにソファは置かない

部屋の入口にソファの背を向けないように、とよく言われます。座っているときに部屋の出入りを把握できないと、背後で何が起きているのかわからなくて不安になるから。詳しくはアイソヴィストの項（p. 46）を参照してください。

ボウリングのレーンになるのは避けて

家具は壁に押しつけるように並べるものだと思いがちですが、それでは部屋の中央にボーリング場のレーン（もっと悪い場合はダンスフロア）ができてしまいます。そこはあまり使いみちもありません。家具の配置はこうあるべきだ、以前もこんな配置にしていた、前の住人はこんなふうにしていた、似たような部屋に住む隣人はこうしていた——そんな先入観から自分を解き放ち、独自のアイデアを探してください。うまくいかなくても、家具を元の位置に戻せばいいだけですから。

本棚のスタイリング

　最近は本棚に本以外のものを置くことも珍しくありません。意識的にスタイリングしている場合もあれば、まだ本が少ないから別のものを入れているということもあります。本棚はたいてい部屋の中でいちばん大きな家具なので、そのぶんよく目立ちます。だから、ちょっとしたことでも気になってしまうのです。本棚のスタイリングはどのようにやればいいのでしょう。本だけ並べたい、それとも本に雑貨を色々組み合わせたい？　わたしが長年かけて学んだテクニックを紹介します。

アルファベット順に並べる

　著者の姓でアルファベット順に並べる方法は、いちばんロジカルです。特に、本がぎっしり詰まった本棚からある本をすばやく見つけたい人にとっては。フィクションはサイズがだいたい同じですから、たくさんもっている人にはいちばん取り入れやすいスタイリングでもあります。かといって、他のアプローチを取り入れていけないわけではありません。

サイズ別

　本のサイズがばらばらで、アルファベット順に並んでいなくてもいい場合は、背表紙の高さで本を揃えると目が休まります。小さいものから大きいもの、またはその逆でもかまいません。

山または谷をつくる

　背表紙の高さ別に並べるバリエーションで、中央にいちばん高いものまたは低いものをもってくる方法です。それを中心にすることで違ったフォームが生まれます。棚の一段だけ、または複数の段に使えば、変化が生まれバリエーションがつきます。

本をブックエンドに

　棚全体を満たすには本が足りない場合、何冊かは表紙を伏せて重ねるというアイデアもあります。背表紙が見えるように重ねて、ブックエンド代わりにもなります。

レインボーカラー

　数年前に、本を色別に並べるトレンドがソーシャルメディアで瞬く間に広がりました。背表紙で虹をつくるのです。あなたの蔵書が虹のスペクトルになっている場合でも、ニュートラルな色で揃えたい場合でも、本棚がきれいに見えるスタイリング法です。

包装紙を利用

　不動産業者のスタイリストなどプロが広告写真でよく使うのが、本を同じ包装紙で包んで個性をなくし、まとまった印象を与える方法です。好みの包装紙を選び、背表紙に美しい手書き文字でタイトルを書いてください。

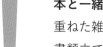

本と一緒に置くとよいもの

重ねた雑誌

書類立て

小さな箱

缶やケース

貝殻、石、お土産など、旅の思い出

彫刻

各種素材の花瓶

新しいティーライト、もしくは使いかけのキャンドルを入れたガラス瓶

ガラスケースやガラスドーム

額入りの写真

棚板から吊るすプラントハンガー

アクセントのミックス

　背の高いオープンな本棚や大きなウォールシステムは、本以外にもいろいろなアイテムをスタイリングできます。多様なアクセントや雑貨をミックスして、フラットな印象の本に躍動感を与えましょう。丸い形、有機的な形、三角形、それに生物的なものの形も、本棚を停滞させず、見た目にも楽しくしてくれます。

傾けて配置

　海外でコーヒーテーブルブックと呼ばれる大きな本は、普通の本と違ってフォーマットが多様なので、寝かせて重ねたり、傾けて並べたりしたほうが見栄えがよいこともあります。そういう本を何冊ももっているなら、本棚の特定の段だけ、傾けて並べる本専用にするのもアイデアです。本棚全体をそうする必要はありません。傾けた棚と普通のまっすぐな棚を混ぜると、さらに素敵です。

本棚の調和がとれるコツ

　構成のない雑然とした本棚は、部屋じゅうが散らかっているような見苦しい印象を与えます。逆に、本や雑貨がよく考えられてスタイリングされた本棚があれば、部屋全体がまとまって整然として見えます。

　本だけを本棚にしまうなら、背表紙の色とサイズだけ考えていればOKです。本の列自体が反復感のある構成なのですから。

　一方で、本棚を本だけで埋めるのではなく、いろいろなアクセントや雑貨をミックスするつもりなら、目にも心地よい構図や反復感をうまくまとめるのが課題。そこにもテクニックがあります。

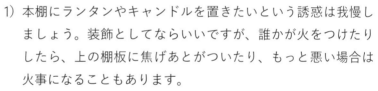

　1）本棚にランタンやキャンドルを置きたいという誘惑は我慢しましょう。装飾としてならいいですが、誰かが火をつけたりしたら、上の棚板に焦げあとがついたり、もっと悪い場合は火事になることもあります。

　2）本を他の雑貨とミックスするときは、棚をいっぱいにしない。約30％くらいは空間を残し、混み合った印象を避けます。

　3）視覚的な重心を考えて、重い本やオブジェを棚の下部に配置します。

反射のテクニック

　鏡像対称（p. 38）を取り入れて、鏡に映ったように左右対称にするとバランスと落ち着きが生まれます。棚自体が雑然としていても、その雑然さを鏡で映したように反対側にもリピートさせることで一種の秩序が生まれるのです。

三角構図

「三角構図」のアプローチ（p. 25）は、本棚をスタイリングするときにも使えます。目が留まる場所を3か所つくってあげるのです。同じ色、または同じ材質のアイテムを3つ選んで、それを三角形に配置することで目を引きます。目を留める点をいくつつくりたいかによって、複数の三角形があってもOKです。

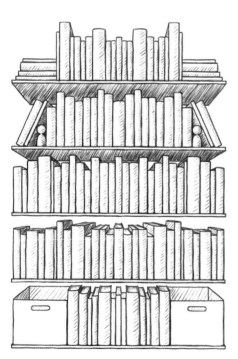

鏡映対称のテクニック

「三角構図」のアプローチ

ソファセット

　キッチンは家の心臓だと言われますが、みんなで楽しく過ごしたり、ちょっと座って休憩するソファのエリアはなんと呼べばいいでしょうか。そこも家の中でとても大事な場所ですが、さまざまな用途に使われるため、定義が難しくもあります。ここではソファ、アームチェア、ソファテーブルのスタイリングに役立つコツをまとめました。バランスや配置、「静物」やクッションをどうすればいいか、参考にしてください。

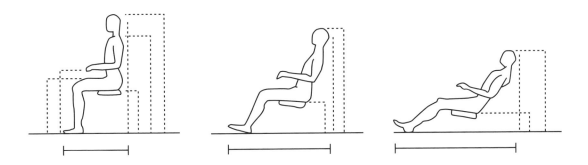

ソファやアームチェアにどんな姿勢で座りたいかは、座り心地だけでなく、寸法にも関係してきます。セミリクライニングのソファは、普通よりも広い空間が必要になります。

スタイル VS 座り心地

　ソファセットはたいていの場合、リビングにあるいちばん大きな家具のグループです。つまり、ソファやアームチェアは、見た目にも機能的にもあなたが思い描いた雰囲気を伝える役目を任っています。その大きさが、部屋にある他のスタイルに勝ってしまうためです。インテリアにまとまりのある表情がほしいなら、これらの家具を選ぶときに「赤い糸」を使うか、少なくとも逆のスタイルは選ばないようにしましょう。

　リビングの雰囲気がうまくつくれないと悩んでいる人は、見慣れすぎて存在が見えなくなった「象」が部屋にいるのかも。パートナーが昔からもっている大きな黒い革のソファや、前の家で使っていたけれどいまの部屋の条件やスタイルには合っていないソファなどです。

その周りにも家具を置いたり、雑貨のコンビネーションを変えたりして雰囲気を出そうとするのですが、どうもうまくいかない——そんな状況に陥っているなら、とにかく心を決めることです。大きなソファをどうにかしようと奮闘するのはやめて、その存在を受け入れるか、中古品として売って、別のモデルに替えることも考えてみましょう。

　新しいソファセットを購入するなら、わたしがしてあげられる最高のアドバイスは、ニュートラルな選択にこだわること。自分の選択に自信をもっていて、大胆なモデルに決めたいなら、もちろんその直感を信じてください。でもそうでない場合は、大きくて値も張る家具のモデルや生地を思い切って決めるのはやめたほうがいいです。買い直すのにとてもお金がかかるし、あなたにとっても環境の観点から見てもよくありません。今後長い間、あなたは特定のデザインに縛られることになります。

　それでも気持ちが決まらないなら、大胆な柄のクッションなら交換できるのだから、それでスパイスを効かせるといいでしょう。

表でも裏でも使える座面のクッションは、ソファの寿命を延ばしてくれます。取り外し可能なカバーなら洗えるし、破れたり色を変えたい場合は、新しいものに交換することもできます。

　ソファのスタイルや外観は、もちろん誰にとっても大切です。こんなに大きくて高価なものを買うのですから。それが無駄な買い物にならないように、見た目だけではなくどのように座りたいかもよく考えてください。ソファを複数で使う場合は、その中でもいちばん頻繁に座る人たちの座り方を基準に選びましょう。チェックポイントは次のとおりです。

- 背筋を伸ばした状態でもたれて、足は床につけたいですか？ それなら奥行が浅くて、硬めのモデルを選びます。
- ソファで寝転がったり足をソファに上げたりしたいですか？ それなら奥行が深く、ソフトなタイプを選んでください。
- 家族の中で、屈んだ状態や座った状態から立ち上がるのが困難な人はいますか？ それなら硬めのクッションで、座高が高めのソファを選んでください。
- 家族の中に、上り下りが難しい幼児（またはペット）はいますか？ 脚の短いソファを選んでください。

暗い色のソファは、日焼けを防ぐために、南向きの窓のそばに配置するのは避けて。

ソファテーブルの高さと形状

ソファテーブルについて覚えておいてほしいのは、ソファの端からはみださないこと。たいていのインテリアデザイナーは「ソファテーブルの幅はソファの約3分の2」をすすめます。コーナーソファやL字ソファなら、ソファの前にできるスペースとは違った形のテーブルのほうが似合います。たとえばソファの前に正方形のスペースができるなら、正方形のテーブルは避けましょう。円形、楕円形、または長方形のものがスペースの形を崩し、構図に調和を与えてくれます。

ソファテーブルの寸法

- ソファの幅：ソファテーブルは、ソファ全幅の3分の2以下
- ソファの座高：ソファテーブルのテーブルトップはソファの座面の高さ±10cmに
- ソファの前のスペース：ソファテーブルは、スペースをすべて使ってしまうほど大きいとよくありませんが、コーヒーカップに手が届きにくいほど小さくてもいけません。

ソファテーブルの高さも考えてください。テーブルトップがソファの座面とまったく同じ高さにならないようにします。ソファの使い方に応じて高めにするか低めにするかという選択になります。ソファで食事をしたりお茶をしたりすることが多い人、新聞のクロスワードパズルを解く場合などは、テーブルが低すぎると身を屈めなくてはいけなくて、使いづらくなります。ラウンジのようにソファを使う場合は、テーブルが低めのほうが快適です。大きなコーナーソファやL字ソファには、低めのテーブルのほうがバランスがいいでしょう。そうすることで、家具グループの中で徐々に高さが変わる「高低差」が生まれます。2、3個セットになったネストテーブルなら、ソファに座ったり横になったりしてもフレキシブルに対応できます。ガラス製のテーブルや、細い脚や薄いテーブルトップのテーブルは、コンパクトで窮屈な部屋の印象を和らげてくれます。

ソファテーブルのゾーン別スタイリング

　インテリア雑誌やお宅拝見記事を見ていると、ソファテーブルが空のままということはまずありません。なのに友人宅を訪ねると、そこがスタイリングされていることは非常に稀です。

　プロはソファテーブルを「静物画」の場として活用しています。実用的で雰囲気を出してくれるものをグルーピングするのにぴったりの場所だからです。「静物画」（p. 124）のテクニックが使えますし、「インテリアの数学」（p. 20）の黄金螺旋も使いましょう。ソファテーブルは低いことが多いので、横から見たときと、斜め上から見たときの様子を確かめます。それがいちばんよく目に入る角度だからです。

　置きたいものや必要なものを集めるところから始めましょう。以下の各カテゴリーから複数探してください。

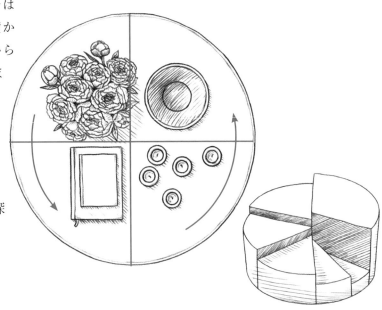

形状
- 角ばった形：正方形か長方形。本、箱、雑誌、皿など。
- 丸い形：円か楕円。ボウル、花瓶、ランタンなど。
- 有機的な形：不規則な形や有機的な形で、幾何学的なアイテムの形を崩すことで目立たせます。
  三次元的なもの、器、皿、キャンドルスタンドなどです。

材質
- 生きているもの：切り花、枝、鉢植えなど。
- 透明なもの：ガラスまたはアクリル製のもの。
- 木でできたもの：器、皿、トレイなど。
- 金属製のもの：真鍮、クロム、銀、スズ、銅など。

　次に、ソファテーブルの面をゾーンまたはセクションに分けます。長方形のテーブルなら3つに分け、小物を3段階の高さで階段のように配置します。正方形や円形のテーブルなら、ケーキのように4等分し、上り（または下り）の螺旋状に高さを段階的に変化させて高低差をつくります。
「黄金比分割」と「黄金螺旋」を思い出してください。活けた花の高さをいちばん高いポイントとして、階段を下って徐々にいちばん低いポイントまで下りていきます。いちばん低いところにくるのは重ねた本や雑誌、背の低いランタン、平皿などです。このテクニックを使えば、テーブルの真ん中にひとつだけものを置いただけ、という寂しい雰囲気を簡単に改善できます。

覚えていますか？

1) 長方形のテーブルに静物を飾るなら、「三角構図」（p. 25）を思い出して。正三角形または直角三角形になるように、3つのゾーンに高低差をつけてください。

2) 「不均整」や「わび・さび」（p. 40）のテクニックを取り入れ、ゾーンのひとつに表面が古びたものや天然の不規則性があるものを配置します。

3) ソファテーブルの上の静物には、ミニサイズの「60：30：10＋Bの法則」（p. 86）を利用して、どきどきするような躍動感と色（第4章「配色」を参照）を取り入れて。少し黒を加えるのも忘れないように。

ソファセットの配置

リビングの家具はいろいろな形に配置できます。それでも、どこの家に行っても同じようなレイアウトを見かけます。ソファ1台、ソファテーブル1台、その反対側にテレビかメディアユニット。この配置では、テレビを観ながら集うにしても、テレビは観ずにフィーカ〔スウェーデンのコーヒータイム〕をするにしても、テレビが「キャンプファイヤー」的存在になってしまいます。団欒しやすい状態をつくるために、お互いの目が見える配置にしましょう。

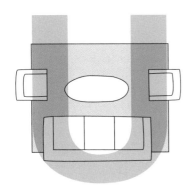

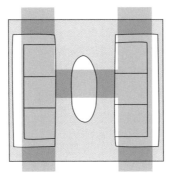

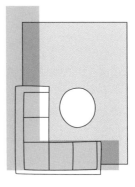

U字型
ソファ1台にアームチェア2脚。これでもやはりテレビや暖炉に視線が集まりますが、目を見ながら会話し団欒する機会が増えます。テレビも観たいし団欒もしたい人にぴったり。

H字型
向かい合わせたソファ2台、もしくは向かい合せたソファ1台とアームチェア2脚なら、アイコンタクトのある会話に適切な距離になります。テレビや暖炉の優先度は下がりますが、全員と対話することができます。

L字型
部屋の角にソファセットを置くか、広い部屋の中にソファゾーンを設けたい場合は、L字型のソファ、もしくは、足を置くだけでなく、座ることもできるオットマンとソファのセットを配置しましょう。

会話のための距離

　座席間の寸法も考えてみてください。充分にスペースがあるからといって、大声で話したくはないでしょうから、座る位置を離しすぎないように。インテリアデザイナーは通常、団欒のためのエリアは最大2.5〜3mとしています。空間に対して家具が少なすぎると思うなら、ライブラリテーブルや背の低い本棚などをソファのうしろに置いて、床面積を消費しましょう。

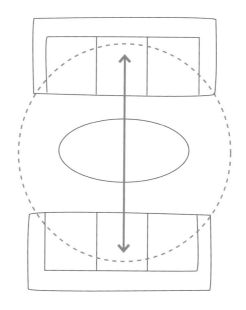

 ソファには何人座れますか？　クッションの数と人数が一致するとはかぎりません。3人がけソファでも、クッションが3つあるものと、2つや4つのものがあります。要はデザインの問題なのです。念のため、メジャーで計測してみましょう。通常、ひとりにつき約60㎝のスペースが必要です。

家具のテトリスを避ける

　場所をとるL字ソファやシェーズロング（寝椅子）が、部屋を覆いつくすような印象にならないよう、その周りにも空間が必要です。購入する前に、ソファを置くスペースが適切な比率になるよう確認してください。ソファの前にできるスペースに、そこを占領するような特大のソファテーブルを置くのもNG。通りやすいようにしておくのが大事です。でなければ、部屋が混みあっているように見えてしまいます。

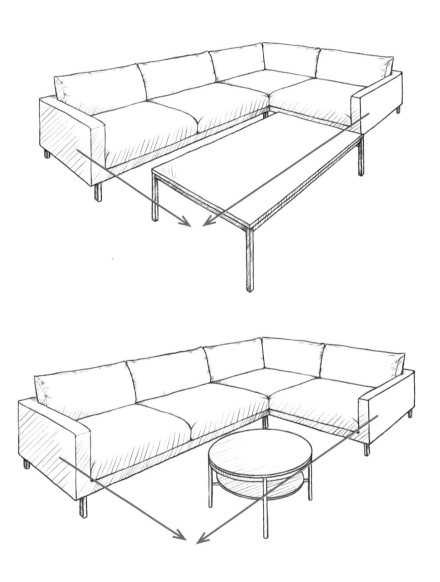

大きなラグを選ぶ

家具を包みこむような大きなラグは、大きなソファのバランスをとってくれます。真ん中に小さなラグを置くと、逆にソファがとてもかさばって見えてしまいます。

サイドテーブルも投入してみる

コーナーソファやL字ソファは、横長のソファよりも座れる人数が多く、端に座っている人がソファテーブルに手が届きにくくなることがあります。実用的かつかっこよく見えるのは、サイドテーブルも使うこと。コーヒーカップや雑誌を置くのに便利です。

何か所照らす？

大きなソファは、照明で照らすゾーンも広くなります。フロアランプや読書灯ひとつでは足りません。ソファに実際に何人着席できるのかを考え、それに応じて照明の数を決めてみましょう。

コーナーソファ

インテリア雑誌や不動産広告では、スタイリングされたリビングの写真に写っているのはほぼ必ず2人がけか3人がけの横長のソファですよね。現実には、コーナーソファやL字ソファを置いている家が多いのに。

ここで、コーナーソファやL字ソファにクッションをスタイリングするときのテクニックをまとめておくと、異なる形やサイズのものを使うこと。そして、三角形にグルーピングすることです。

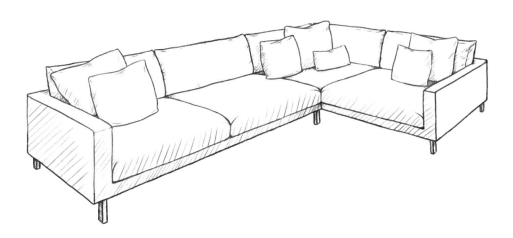

シェーズロングやL字ソファのスタイリング

　L字ソファの場合、クッションは3か所の隅に散りばめるのがいちばんきれいです。片側が足を伸ばせるようになっている場合、その隅にクッションを置くのは難しいので、代わりにブランケットやシープスキンをあしらいます。付属のオットマンがある場合も同じです。そうやって、スタイリングに統一感を出していきます。

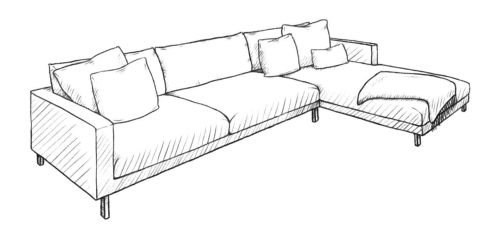

- 奇数のルールを思い出して。
- 繰り返しと左右対称でバランスを生み、引き締まった印象に。
- 非対称のセッティングにする場合は、異なる形やサイズを組み合わせましょう。クッションの外側の輪郭が三角形になるように。
- 躍動感がほしいなら、鏡のような左右対称はNG。同じクッションを2つ並べずに、奇数と柄のミックスで崩しましょう。

クッション配置のヒント

　インテリアデザイナーは、つくりたい雰囲気に応じて、クッションの配置と構成を変えています。正統派のエレガントなスタイルなら、鏡のような左右対称を使い、高級素材のクッションを完璧に膨らませたものをグルーピングすることが多いでしょう。複数のスタイルを盛りこんだスタイリングなら、いろいろな柄や色、そしてクッションは奇数選び、大胆な表現を目指します。

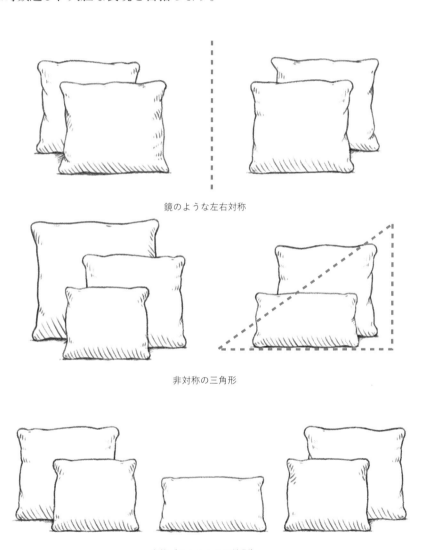

鏡のような左右対称

非対称の三角形

奇数（２：２：１の法則）

クッション・カラテ

　クッションをもっている人なら誰でも、すぐにくたびれてペチャンコになってしまうのは知っていますよね。普通なら、軽く叩いてボリュームを復活させるでしょう。スタイリストの「カラテ技」を知っている人は少ないようです。

　インテリア雑誌やホテルのクッション——と言えば、なんのことだか理解できるでしょうか、そこでは、ぺたんこになったクッションなんて見かけませんよね。雑に置いたような毛布のほうが、きちんと折りたたんだものよりも躍動感があるのと同じで、クッションも形をつくることで魅力が引き出されます。クッションの中身が高品質なほど、よい結果が得られます。

　クッション・カラテは、クッションに空手チョップをして意図的に凹みをつくる方法です。まずはきれいに膨らませたあと、空手チョップを1、2回。それでいい形に決まります。可笑しいかもしれませんが、スタイリストの間では一般的な技です。これでソファやベッドのクッションに、ややルーズなスタイルが生まれます。

　シルクなど光沢のある布地のクッションカバーなら、空手チョップでさらに陰影がつき、布の質感はっきりと感じられます。クッションの上部をチョップすると、きつい柄もやわらかくなります。

　このクッション・カラテは小さな子どものいる家庭でも大活躍です。凹みの陰影が、しみを隠してくれるからです。

シングルチョップ＝上部に一発
ダブルチョップ＝上部と両側（クッションの「ウエスト」部分）に一発ずつ
お腹にチョップ＝クッションのど真ん中に一発

ベッドメーキングのテクニック

　素敵なホテルや雑誌、不動産の広告に出てくるような魅力的なベッド。どうやったらあんな雰囲気を自宅でも出せるのでしょうか。スタイリストは枕やクッション、かけ布団を何層にも重ねて、肉眼で見えているよりずっと細かいスタイリングしています。

質のよい基盤をつくる（心地よいかけ布団）

　寝るためにも心地よいベッドにしたければ、布団カバーやシーツのチョイス、デコレーションとしてのクッションの数だけでは足りません。この場合もやはり「質のよい基盤」から始まります。

　ふわふわの良質なかけ布団や枕に投資してください。表示ラベルを見て、詰め物も確認しましょう。購入時にふわふわだからといって、数年経っても同じままだという保証はありません。羽毛は生きている水鳥からむしるという動物愛護に反する方法で行われている場合もあって、議論の多い素材です。まっとうな製品を入手するために、お店の人に面倒な質問をたくさんしてください。一般的には、食肉用のグースやダックの羽毛が使われています。グースの比率が高いほど値段も高くなります。フィリングパワー（弾力性を数値化したもので、数値が高いほどよい）や化学物質・ほこりなどの不純物が混じっていないかを確認するのも大切です。

　かけ布団の質感や寿命は、布団の構造と詰め物のキルティングにも左右されます。キルティングは通常、横長か格子状に縫われています。縫製がよくない布団は型崩れしやすく、メンテナンスもできません。高品質のものなら、詰め物を交換することもできます。

ベッドスカートを取り入れよう

　退屈なベッドを生き返らせてくれるのが、ヘッドボードとベッドスカートです。ベッドスカートはマットレスがはくスカートのような存在で、おしゃれではないベッドの脚やベッド下の収納を隠してもくれます。布団カバーやベッドカバー、布のヘッドボードの色をスタイリングしてあるなら、それと一緒になって一貫した雰囲気に。取りつける前に、梱包中についた折り目をアイロンかスチームで伸ばしてください。

ベッドメーキングの数学

　素敵なホテルや広告のような雰囲気は、普通の枕2個だけでベッドメーキングしても生まれません。スタイリストはそれよりもはるかにたくさんの枕やクッション（できればいろいろなサイズ）を使っています。自宅のベッドルームを広告写真のように演出する必要はありませんが、ダブルベッドの頭にある枕を2個から4〜5個に増やすだけで、見た目も寝心地も大きく変わります。きれいにメーキングされたベッドに潜りこむときの気持ちよさは何にも代えがたいですよね。寝ていないときの枕・クッションの置き方には、以下のようなバリエーションがあります。

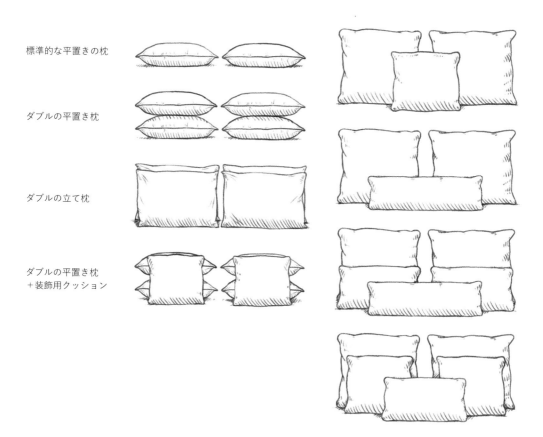

標準的な平置きの枕

ダブルの平置き枕

ダブルの立て枕

ダブルの平置き枕
＋装飾用クッション

広告用のスタイリングをするプロは、複数のかけ布団、それに普通の家にあるより多い数のベッドカバーやブランケットを使っています。そこまでやる必要はありません。あまり実用的ではないですし。でもレイヤー使いを覚えることで、自宅のベッドルームも大きく変わります。

お手軽で安上がりなのが、90cm幅のマットレスをダブルベッド用のヘッドボードに変身させるテクニック。無地の麻の布団カバーをかけ、もたつかないようにしっかり折りこみ、それをベッドの頭側と壁の間に横向きに置いて、ヘッドボードにします。

　色の選択についても考えてください。ベッド周りに複数の色、ニュアンス、トーンがある場合、無地のベッドセットとはまったく別の雰囲気になります。シーツ、かけ布団、枕・クッションに意識的に異なる色やニュアンスを選ぶことで、深みが生まれます。

　基盤になるヘッドボードに投資するのもよいでしょう。ホテルのようなベッドメーキングでは、枕やクッションはベッドの上に平置きにするのではなく、ヘッドボードに立てかけます。つまり、最後部にくるいちばん大きなクッションよりも背丈の高いヘッドボードが必要です。高さが高いほど、迫力が出ます。

　ベッドルーム内の視覚的印象は最小限に抑えましょう。気に障る要素が少ないほど、快適な睡眠が保証されます。簡単な方法としては、ベッドサイドテーブルのものを減らすこと。ホテルや広告の写真では、雰囲気を妨げないよう、目に見えるところに日常のアイテムを積みあげてはいません。「視覚的ノイズ」（p. 74）を思い出してください。手元に必要なものは、サイドテーブルの引出しの中に入れてしまいましょう。テーブルの上に出しておくのは小さな植物、目覚まし時計、ジュエリーなど寝る前に外したいものを入れる器、いま読んでいる本、素敵なカラフェと美しいグラスで充分です。

植物をスタイリング

　生きた植物はインテリアにとって重要な要素です。人工的な素材がほとんどの空間に、自然の要素を与えてくれます。部屋の用途や窓の方角に適した植物で窓辺を飾るのはもちろん、居心地のいい雰囲気をつくるためのテクニックがたくさんあります。

年季の入った植物

　どういう要素が「心地よさそうな家」を構成するのでしょうか。それを知りたくて、インテリアの写真を何枚も細かく分析してみました。すると、植物が雰囲気づくりに大きな役割を果たしていることに気づいたんです。特に大きな違いを生むのは、何年もかけて立派に成長した植物。そういった植物が家に個性を与えてくれます。何年もかけて大きくなった結果、観葉植物の既存のサイズ感を破ってくれるからかもしれません（サイズや比率がインテリアに躍動感を与える重要性についてはp. 41参照）。最近生まれたばかりの「大量生産品」の植物も、グリーンという意味ではその場に貢献してくれますが、大きく成長して独自の歴史をもつ植物ほどの迫力はありません。誰かから譲り受けた観葉植物、初めての独り暮らし時代から一緒に暮らしている鉢植えなどは、生きたグリーンがあるというだけでなく、あなたの個性や歴史も語ってくれます。

祖父母から譲り受けたもの、誰かからもらったもの

　年季の入った植物を手に入れるには、親戚や友人に尋ねてみることです。ちょうど処分したいと思っている大きな植物があればもらってきましょう。亡くなった方の植物を受け継ぐのも、愛する人の思い出とともに生きる素晴らしい方法だと思います。わたしはいまでも、祖母が亡くなったときにシャコバサボテンをもらわなかったことを後悔しています。でもあのときはまだ独り暮らしの大学生で、置く場所がなかったんです。いまでは毎年自分のシャコバサボテンが咲くたびに、祖母のことを思い出して胸が温かくなります。

大型園芸店や専門店

　知り合いから古い植物をもらうことができない人は、大型園芸店に行ってみてください。大きくて立派な観葉植物を置いているし、在庫がなければ取り寄せることもで

きるはず。運がよければ花屋や専門店でも、普通のチェーン系の園芸店より少し珍しい種類を販売していることがあります。

ありきたりな花は寄せ植えに

　大量生産品しか手に入らなかったり、来客があるのに大型の植物を買いにいく暇がなかったり。そんなときはスーパーなどで簡単に手に入る植物をアップグレードさせるテクニックもあります。特別に大きな鉢と花用の土がたっぷりあれば、小さな植物を何種類もそこに植え替えるだけ。迫力のあるグリーンの印象になります。

植木鉢を選ぶときの注意点

1）植物の大きさは？　植える植物に適切なサイズとバランスの鉢を選んでください。植物によって必要な土の量が違うので、鉢のボリュームは店で相談するのがいいでしょう。純粋に美的バランスだけで考えると、鉢の高さと土の上に見えている植物の高さの比率がカギになります。ここはまさに「三分割法」（p. 23）を使うチャンス。「鉢3分の1、植物3分の2」で考えてみてください。

2）目を引いてほしいのは植物ですか、鉢ですか？　スターの役割を演じる人とバックグラウンドコーラスに徹する人を決めて、それに応じて鉢の素材や色を選択します。

3）植物を置く部屋は、どのようなスタイルで統一されていますか？　鉢の色、形、装飾は、どこに植物を置くか、そこに合うかどうかによって選択します。

4）飾り用の鉢カバーは、空気が循環するための隙間が必要です。内側の鉢よりも約2cm大きいほうがいいと言われています。

5）大きな鉢のほうが土が水分を長く保つので、水やりが少なくて済みます。

部屋を植物でスタイリング

　リビングの床に置いた大きな植物、バスルームに吊るされた美しいハンギングプランター。それが部屋の雰囲気を大きく変えてくれます。つる性植物はよく支柱に絡ませてありますが、支柱は取ってしまい、棚板やガラスキャビネットの上から垂らしましょう。チェスト、サイドボード、ソファテーブルなどの上に「静物」を集めるときに、高低差に変化をつけるアイテムとしても便利です。光が届かない部屋の奥に飾るなら、北向きの窓でも耐えられる植物を選びましょう。バスルームには湿気を好む熱帯植物が適していますが、日光の差しこむ窓があるかどうかで、それに合った種類の植物を選びましょう。

高低差をつくるアイテム

園芸ラック	ベンチ
フラワースタンド	アンティークの電話台
脚つきの鉢	ウォールシステム
ハンギングプランター	植物の壁
壁かけプランター	植物のカーテン（窓ぎわに這い上がる植物）
壁かけ花瓶	

空気清浄

　室内の空気をきれいにしてくれる植物も飾ってみましょう。ポトスやサンスベリア・ゼラニカ、スパティフィラムなどは安く手に入るし、ベンゼンやホルムアルデヒドなどの有害物質を吸収してくれます。数値で測定可能なほどの効果を得るには大量に必要だと言われますが、何もしないよりはいいでしょう？

簡単に挿し木で増やせる品種もおすすめです。そうすれば一鉢買っただけで、のちのちたくさんの鉢植えが手に入ります。自分で使いきれなければ、苗を物々交換することで、品種を増やすこともできます。

リノベーションの際は植物を避難させる

　昔は、壁を塗り直したり、壁紙を張り直したり、床のニスを塗り直したりするときは、植物を数週間ほど避難させたものでした。植物は強い匂いや化学物質に敏感なのです。いまでは塗料や壁紙の糊、床から放出される毒素や化学物質の基準が厳しくなりましたが、心配なら念のため安全な場所に避難させ、リノベーションが終わって充分に換気されるまで待ちましょう。

ラグの寸法

　インテリアデザイナーの間では、ラグは「5番目の壁」と呼ばれています。わくわくするような発想だと思いませんか？　壁をペイントしたり壁紙を貼ったりしたくない人にとってはなおさらです。色、形、もちろんサイズによっても、部屋が大きく変わります。床を大がかりに張り替えるつもりがないなら、鮮やかな色や柄物のラグを敷いてみませんか？

　よく目にする間違いは、家具とのバランスが小さすぎるラグを選んでいること。おまけに、ラグがないことすらあります！　その言い訳は、特にダイニングテーブルの下にラグを敷くのは実用的じゃないから。ラグを嫌がる人たちに、わたしはよくスウェーデンのことわざを引用します。「悪い天候などない。服装が悪いだけで」そこに合う実用的な敷物は必ずあるはずです。そういう品質のものを見つければいいだけ。ダイニングテーブルの下に食べこぼしが落ちるなら、そこにあえて毛足の長いマットを敷くことはありません。ウールの平織りのラグのように耐性のある素材を選びましょう。でも、床を裸のままにしておいていいことはまずありません。

　ラグの形状は、その上に置く家具の形状に合わせます。そうしないと、視覚的にバランスが悪くなってしまいます。円形のダイニングテーブルなら円形または正方形のラグ、長方形や楕円形のダイニングテーブルには長方形のラグ。リビングの場合はどういうゾーンをつくるのかにもよりますが、基本的なルールとしては、ラグがそのソファセットを「包みこむ」イメージで。

　サイズについては、部屋の大きさと家具の大きさで決まります。ラグの周りに少なくとも25〜40cmの床を残すことをおすすめしています。

部屋の大きさ

　小さすぎるのもよくないですが、ラグが床を食いつくし部屋を覆いつくすのもいけません。もちろん、安っぽいフローリングや床の傷を隠すことが目的ならまた別ですが。小さな部屋には小さなラグ、大きな部屋には大きなラグと考えてください。

家具との寸法

　ラグのサイズは、その上に置く家具に応じて決めます。基本的なルールは、ラグがソファやダイニングテーブルの長さ・幅よりも小さくならないこと。ダイニングテーブルの場合は、さらに大きめにする必要があります。椅子を引いてもラグの上に収まるように。少なくとも、座ったときに椅子の脚が4本ともラグにのっていなければいけません。2本だけラグの上で、残りの2本が床の上になるとバランスを崩してしまいます。部屋のサイズのせいでそれが難しければ、とにかく可能なかぎり大きいラグを、とアドバイスしています。

　もちろんいちばんいいのは、あなたの家具にぴったりのサイズを指定してラグをオーダーメイドすることです。

キッチンとダイニング

　ダイニングテーブルと椅子がすべてラグの上にのっている状態にしましょう。椅子をテーブルの下に納めたときだけでなく、立ち上がるために引出したときにも。充分なサイズを確保するには、テーブルの周りに60〜70cmは必要です。確実なのは椅子のサイズを測り、椅子を引いても脚が4本ともラグに収まるかどうか試してみることです。

長方形のテーブル

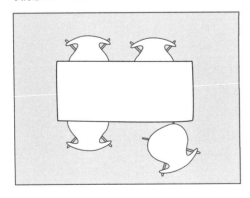 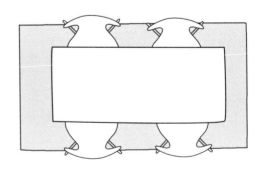

　ラグのサイズが小さすぎると、椅子の半分だけが外に出てしまいぐらぐらします。また、座った状態でテーブルに近づこうとすると、脚がラグに引っかかる危険性もあります。

ラグとダイニングテーブル

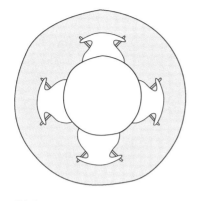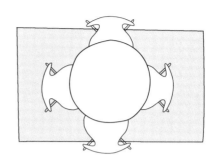

放射状のバランスをイメージしてください。円形のテーブルは円形のラグがいちばんしっくりきます。

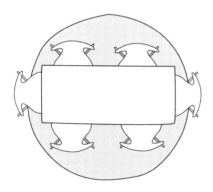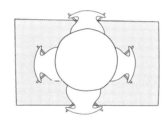

長方形のテーブルに円形のラグ、長方形のマットに丸いテーブルといった組み合わせは避けるようにします。

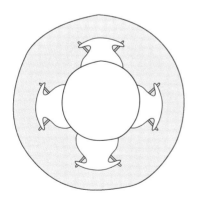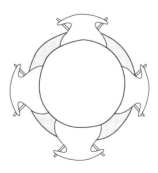

椅子を引いたときにもラグの上に収まるように、テーブルに60〜70cmを足したサイズを選びます。

ラグの寸法は、室内に向かって開く玄関ドア、室内ドア、メディアユニットの扉、低い位置についたガラスキャビネットの扉などにも配慮して決めましょう。厚いラグを購入すると、低い位置にあるドアが開きづらくなる可能性があります。

リビングルーム

　リビングでは通常ソファセットを基準にラグのサイズを決めます。ラグはソファの全長より長いほうがいいと言われています。ソファよりも小さいと、家具の「ベース」にならないからです。ソファの横から少しはみ出すくらいが理想的。部屋の真ん中にソファセットを配置するなら、ラグ内に家具がすべて収まるようにします。部屋の壁ぎわにソファを置く場合は、ソファの前脚がラグにのっていればOKです。

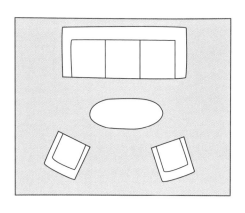

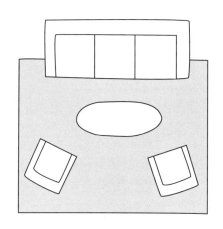

ソファの3分の1がラグの上にくるようにする（前脚がのっている状態）か、ソファの3分の1（ソファの後ろ脚ものっている）がラグの外にくるように。

ベッドルーム

　ベッドルームでは、部屋とベッドのサイズに応じてラグを選びます。部屋が広い場合や、ベッドの横に広い通路がある場合は、「ベース」として大きなラグを敷くのがおすすめ。また、「三分割法」（p. 23）を取り入れてベッドの幅とラグを比例させてみてください。小さなベッドルームにバランスのいいラグを選ぶときは、部屋の面積やベッド以外の家具を最優先し、ベッドとの比率はそれほど気にしなくても大丈夫です。

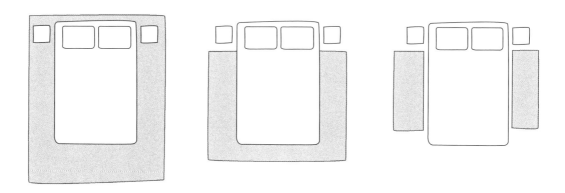

スタイリストは普段、ベッドの両側に60〜70cmはみ出すくらいのラグ（ベッドサイドテーブルもその上にのせるか、ベッドサイドテーブルは避けて敷く）か、ダブルベッドの両側に小さなラグ2つを敷いています。そうするとベッドの周りを歩き回る通路に敷物があり、朝、冷たい床に足を下ろす必要がなくなります。また、大きなベッドに視覚的なアンカーが固定されたような感覚も生まれます。ベッドの下に隠れてしまうサイズのラグや、足先だけにかかるようなサイズは避けてください。

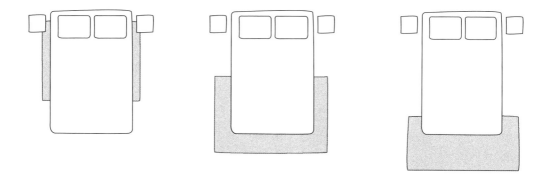

! ラグや家具の寸法を試すなら、紙を使う以外に、床の上に輪郭を
マスキングテープで貼ることもできます。

廊下

　廊下は家の中でいちばん交通量の多いエリアなので、磨耗に耐えられる品質のラグ
を選びましょう。廊下はスペースがかぎられていてドアも多いため、表面が平らで細
長いものをおすすめしています。厚みがなく、土や砂利が絡みにくいタイプです。
汚れが目立つこともあるため、裏返しても使えるものが便利。毎日その上を歩くとすり
減るのも早いので、タッセルつきのラグは避け、縁取りされたものを選びましょう。

バスルーム

　バスルームのラグのサイズは、部屋の大きさと形状、壁のどこに収納が取りつけら
れているかにもよりますが、通常通りみちの目安は70cm以上なので、ラグもそれを
前提につくられています。バスルームのラグを選ぶときは、全体のバランスを考えま
しょう。迷うなら、いちばんよく立つ洗面台の前に敷くのがいいでしょう。

**美しい敷物は、退屈な床に
表情を与えてくれます。**
——エルサ・ビルグレン
（インテリアデザイナー）

ラグについてもう少し

- オーダーメイドだけでなく、ラグを裁断してくれるサービスもあります。あなたの部屋の条件や、希望の形状に合わせることができて、まるでオーダーメイドのようなソリューションです。新しいマットでも古いマットでも可能です。

- 一目ぼれしたラグが小さすぎる、どうしても充分大きなサイズのラグが見つからないというときは、「双子のテクニック」を使います。同じものを2枚購入し、裏を布ガムテープで貼りつけるか、下にスリップガードを敷いてずれないようにします。

- 手織りのラグは、窓に向かって織の方向を縦にするか横にするかでも印象が変わります。発色が気に入らないときは、180度回転させてみてください!

- ラグに家具の跡がついてしまいましたか? ぬるま湯でタオルを湿らせ、押しつけるようにラグを叩くか、スチーマーをかけます。カーペット用のブラシで表面をやさしくブラッシングしても。

- ラグの表面は、日光や摩耗で変化します。年に1度、ラグを回転させましょう。均等に色あせ、摩耗するように。

- ラグが日光をさえぎるので、フローリングの床も均一に日焼けはしません。できるときに、ラグを折りたたむか丸めるかして、ラグの下の床も日光浴させてください。

- 床暖房にハンドタフトラグを敷くのは避けてください。ラグの裏の接着剤が熱で溶け、ほどけてしまう危険があります。

- コントラストの効果を思い出してください。明るい色のラグは暗い色の家具を強調し、逆も同様です。

- 滑り止めを敷けば、薄手のラグもその場から動きません。

花瓶のクローゼット

　自宅には、どんな花瓶がいくつ必要？　わたしからのアドバイスは、あなたが好きでよく買って帰る切り花に合うものを選ぶこと。それに加えて、いちばん一般的な花束の形状に合うものも準備しておきましょう。誕生日のお祝いや、ディナーに招待したゲストからブーケをもらうこともあるからです。せっかくの素敵な花束を、その場しのぎの花瓶に入れるのは残念ですからね。

　一般的な花束の形状、高さ、幅、必要な水の量を考えて、花瓶を用意しましょう。あなたのうちにどれが足りないか、考えてみてください。

筒形（長細く、口も小さいもの）　　　　ラッパ型　　　　　　　　　つぼ型

球根用　　　　　　　　シリンダー形　　　　ボリューミーで口がすぼまった形

一輪挿し

一輪挿しには口のすぼまった花瓶が必要です。茎一本をその位置で保ち、傾いたりうつむいたりしません。

ウエストで束ねるブーケやマキシブーケ

チューリップのようにウエストで束ねるクラシックなブーケや、モダンでボリューミーなマキシブーケは、茎が安定すると同時に、トップで花が広がるような花瓶が必要です。

長い切り花や枝

バラやユリの花束のように、長い茎で背丈の高い切り花は、ひっくり返ることのないように、少し重さのあるラッパ型のものが必要です。梅やモクレンなどの長い枝には、形が安定するような口の小さな花瓶がいいでしょう。

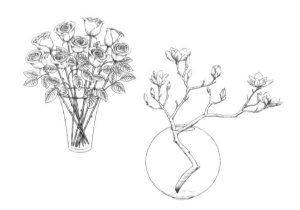

球根

水分をあまり必要としない球根は、水につからないように。砂時計形のヒヤシンス用花瓶やアマリリス用花瓶があります。

目隠し

モダンな住宅には、大きなパノラマウィンドウや床から天井までのガラス窓がついていますが、他の家や建物に隣接していることもあります。新しい住宅地でよくあるのが、通りや隣家から家の中が見えてしまうこと。カーテンやスクリーン以外にも、この問題を防ぎつつスタイリングもできるスマートなアイデアがあります。庭がある人は、垣根代わりに使うこともできます。そうすることで、家の中にいるときにもプライバシーを感じられます。

窓の目隠し

- 光は入るが中は見えない薄手のカーテン
- ブラインド
- プリーツスクリーン（下だけでなく上が開くものも）
- 縦型ブラインド
- シャッター
- 木製ブラインド
- カフェカーテン
- 窓用のプラスチックフィルム
- 木製ルーバーシャッター
- 窓に立てかける、紙製やアクリル製のついたて
- 窓に棚板をつける。昔は窓の中ほどに棚板を渡し、植木鉢などを並べていました。人目が気になる窓にやってみてはどうでしょう。

照明のコツ

窓辺のランプ、窓に吊るすペンダントランプや埋めこみ型のスポットライトは、人の目をそらす効果があります。明かりの灯った室内よりも、窓辺の光に目がいくからです。

床置きの大きな植物

大きな窓なのに窓台に奥行がない場合、床置きの大きな花瓶、背丈の高い植物、大きな葉をつけた観葉植物なら、自然光を通しつつ、外からの視線をさえぎってくれます。パノラマウィンドウなら、高低差をつけた植物を用意するか、横に長いプラントスタンドや階段状のものを使って高低差を出してください。

つる植物と植物のカーテン

くねくねと上に伸びる植物は、人目が気になるキッチンやバスルームの窓にあると、視界がさえぎられて安心感を与えてくれます。ヘデラ（アイビー）、ポトス、ホヤ、シラフカズラなどがおすすめ。ジャスミンなどの長く伸びるグリーンをハンギングプランターにあしらうと、美しい植物のカーテンになります。

窓辺の「静物」

重ねた本や雑貨を窓辺に飾り、鉢植えやランプも取り交ぜると、外からの人目を一部さえぎってくれます。

フレーム張りのテキスタイル

カンバス用の木枠や木の額縁に薄い布を張ります。レース生地なんてどうでしょう。必要なときに窓に立てかけたり、吊るしたりできるので、モバイルな目隠しになります。

家具

大きなパノラマウィンドウのそばに透け感のある家具を置くと、光をさえぎることなく目隠しになります。ガラスのサービスワゴンや、両方向から見て美しい背の低いサイドボードなどです。

屋外で使える目隠し

- 低木、生垣、樹木
- 板壁や柵
- 石垣やスウェーデンの伝統的な木の枝の柵
- ラティスや庭用のついたて
- 簾や竹垣
- いろいろな高さのフラワースタンド

テレビとかくれんぼ

　ホームシアターはたえず進化し洗練されてきてもいますが、テレビやパートナー愛用の大型スピーカー、サブウーファー、サラウンドシステム、ケーブルなどに悩まされている人は多いですよね。どうしても目ざわりなのです。それでもそれがなくては生きていけないと言うなら、どんな対策ができるでしょうか。

　ここでは、AV機器をかくれんぼをさせるテクニックを紹介します。

ケーブルのカモフラージュ

　ケーブルを隠すいちばんいい方法は、ケーブルを壁の中に通すことです。それが無理なら、ケーブルをカバーしてくれる巾木もあります。必要な長さを購入して、取りつける場所に合わせた色に塗れば目立ちません。どうしてもケーブルが見えない配線にできない場合は、壁や壁紙にできるだけ近い色のケーブルを使うこと。薄い色の壁なら白いケーブル、暗い色の壁なら黒いものを。また、ケーブルがだらんと垂れさがらないように、まっすぐ伸ばして一定の間隔で専用フックで固定してください。余ったケーブルも、床の上で山にならないように隠しましょう。見慣れると感覚がマヒしてきますが、掃除も大変だし、床でもたつくケーブルは見た目が美しくありません。

絵をかけた壁にテレビを紛れ込ませる

　使用していないときのテレビは真っ黒で、テレビ台の上で大きなブラックホールがぱっくり口を開けているかのよう。後ろの壁にたくさんフレームを飾って、カモフラージュしてしまいましょう。テレビだけぽつんとそこにあるよりも、場に溶けこみます。

壁を塗ってコントラストを減らす

　テレビ画面や大きな黒いスピーカー、悪目立ちするサラウンドシステムなどの「ブラックホール」を隠す方法はもうひとつあります。壁を暗めの色でペイントすること。コントラストが少ないほど、AV機器の存在感も薄くなります。

テレビのキャビネットと本棚

　テレビが内蔵されたキャビネットや、使用しないときは収納できるメディアユニットもありますが、あなたの家に合った棚やキャビネットをDIYしてみても。そうす

れば、使わないときはテレビを隠すことができます。棚に入れる場合、テレビ画面は
キャビネットの手前ぎりぎりにくるようにしましょう。そうすれば、棚の扉などに邪
魔されることなくどの席からでも画面を観ることができます。転倒しないようにキャ
ビネットはしっかりと壁に固定し、機器類の熱で発火しないような設計を考えて。テ
レビだけ入る薄さの戸棚をつくって、壁と同じ色に塗ったソリューションを見たこと
があります。そこにあるのがわからないくらいでした。

カーテン

使わないときは、映画館のようにカーテンで隠してはどうでしょうか。天井にカー
テンレールを取りつければいいだけ。使わないときはカーテンを引くだけで手軽です。

解体せずにキッチンやバスルームを刷新

わざわざ職人さんを呼んで部屋じゅう壊さなくても、キッチンやバスルームの見た
目を変化させられる方法があります。

それは面材交換です。

キッチン収納の雰囲気ががらりと変わる最高のテクニックです。キッチンの雰囲気
を気軽に変えたいときに、賃貸に住んでいる人でも可能です。ただし、賃貸の場合は
まず管理会社に許可をもらってください。

キッチンの簡単リノベ

大きく手を入れずにキッチンを刷新したいなら、手軽なテクニックがいくつかあり
ます。

− キッチンの扉だけを外して、塗り直してもらう。ローラーと塗料を用意すれば、自分で塗り
直すこともできます。

− 取っ手や金具を新しいものに替える。古いものは中古品として売りましょう。

− 天井の照明を替えてみる。新築の家や賃貸アパートによくある平たい照明や蛍光灯は外し、
長いレールのスポットライトをつけると、好きな方向を照らすことができます。

− タイルの色や柄が気に入らないなら、上からシールタイプのタイルを貼る。ちょっと緊張し
ますが、きちんとやれば長もちするしキッチンのアクセントになります。プラスチックやシー
ルに抵抗があり、ペイントのほうがいいなら、タイル用の塗料と密着プライマーで塗り替え

ることができます。塗料店で尋ねてみましょう。

- キッチンの扉を塗り直すことができないなら、キッチンの壁を塗り替えては？ かなり雰囲気が変わるのに、なぜか過小評価されている方法です。強い色が好きでなくても、戸棚の扉と少し色を変えるだけで、キッチン全体がまったく違う雰囲気になりますよ。
- 退屈な床をカバーするために、歩く部分に長細いマットを敷く。大きなラグより安く済むのに、同じくらい効果があります。長いテーブルクロスをテーブルにかけるのも、その下の床から目をそらす方法です。
- 扉のないオープンな棚にして、キッチンの雰囲気を変える。賃貸住まいでも、扉を外して、棚だけをオープンな収納として使うことはできます。持ち家なら、壁に自由に穴を開けることもできますね。吊り戸棚は撤去して、壁に板状のシェルフだけをつけます。

バスルームの簡単リノベ

- 洗面台の鏡は大きなものを選ぶと、確実に雰囲気がよくなります。退屈なバスルームが明るく広く見える、安上がりな方法です。
- 新しい照明。バスルームのランプは、IP（防水）規格や水回りの規格に沿っているか確認が必要ですが、天井に照明を取りつけること自体は簡単です。新しいシーリングランプが、室内の光を大きく変えてくれます。
- 賃貸住まいの人は、バスルームの防水床やタイルが悩みではありませんか？ そのアクセントカラーにいらいらしているなら、バスルームにもタイルステッカーを利用し、床は大きな単色の裂き織りラグで表面を覆い、好みでない色を弱めてしまいましょう。
- 賃貸の場合、裸の洗面台しかないこともあります。洗面台の下にキャビネットをつけるなら、壁に取りつける必要はありませんが、配管工に配管の形を変えてもらう必要があります。古い配管は保管し、引っ越すときに元に戻しましょう。
- 壁に新しい穴を開けずに、フックをつけることもできます。古いものを外し、同じ穴に新しいものを取りつければOK。
- トイレ自体を取り替えられないなら、賃貸や新築住宅で標準のプラスチック製の便座よりもしっかりしたモデルに交換します。色も多種ありますが、木製や木製風のものもあります。
- 収納を増やしましょう。バスルームには奥行が浅く背の高い棚を設置して、収納スペースを確保します（あくまでも、部屋が狭く感じない範囲で）。トイレの上にウォールシェルフをつけ、ドアの裏側にバスタオルやバスローブをかけるためにはドアフック（ドアの上部に引っかけるタイプ）、壁にフックラックを取りつけます。

タイルの目地が変色して気になりますか？ タイル目地補修用の
ペンを使えば、バスルームなどの目地をすばやく簡単にリフレッシュ
できます。防カビ剤配合で毒性のない水性塗料を選んでください。
一気に塗りはじめる前に、バスタブの後ろなどあまり目立たない
場所で試し、イメージどおりの色合いかどうか確認しましょう。

親子のためのインテリア

　子どもをもつと、生活に大きな変化が訪れます。家族関係だけでなく、家そのもの
にも。妥協する心の準備ができていなくて、これまでどおりのインテリアを維持した
いと思う人も多いでしょう。インテリア好きの人が初めて親になったときによくある
反応です。それでも、結局はあれこれ調整が必要になります。生まれてすぐではなく
ても、子どもがハイハイや伝い歩きを始めたら必ず。日常とニーズの変化に伴い、実
用性だけ、安全性のみを優先したアイテムを投入しなければいけないのが現実です。
さらには、子ども部屋のスタイリングという新しい課題にも直面します。

絶え間なく変化を続ける部屋

　子どもは成長しつづけるので、まずは、変わらないものなど何もないという現実を受
け入れましょう。成長に応じて日々のルーティーンが変わるように、ニーズも願望も頻
繁に変わります。だから子ども部屋も、育つ過程で何度か調整をすることになります。
部屋をどのように見せたいかだけでなく、子どもにどんな「子ども時代の思い出」を
与えてあげたいかも考えてみてください。わたしの場合、自分の好みや自分が幼い頃
の子ども部屋のことを思い出すのが役に立ちました。当時からずっと好きなディテー
ルや色、友達の部屋でうらやましかったことなど、意外に多くのインスピレーション
がそこにあります。雑誌やソーシャルメディアのモダンでおしゃれな写真だけではな
くて。

膝をついてスタイリングを

　子どもの目の高さで部屋をスタイリングして、家具、さらにはシェルフや収納箱を
配置しましょう。子どもたちに部屋がどんなふうに見えているかを知るには、膝をつ
いて作業することです。

フォーカルポイントの選択

　子ども部屋をスタイリングするときも、一歩引いて考えてみてください。つい、実用的かどうかばかり考えがちです。小さなレゴのピースやおもちゃ、本をすべて収納しないと――と。でも、子ども部屋にも意識的にフォーカルポイントをいくつかつくってください。子ども部屋が大きく変わる3つの簡単なテクニックがあります。

1）壁のうち1面だけ、柄物の壁紙を張るか色を塗る。
2）床に大きくて手触りのよいラグを敷く。部屋の全体の印象が変わるし、大人も床に座って一緒に遊ぶときに快適です。
3）大きな美しいシーリングライトを吊るし、すぐに目を引くポイントをつくる。

大人のための場所もつくる

　自分が子どもをもつ前には考えも及ばなかったことがあります。永遠かと感じられるほどの寝かしつけや絵本の読みきかせを体験し、床で不自然な姿勢で添い寝をして首を痛めるまでは。小さな子どもたちの部屋には、大きな人たちの場所もつくっておきましょう。子どもはひとりでは遊びたがりません。昼間は兄姉、夜中には大人も快適に座れるアームチェアがあるのは悪くないアイデアです。子どもが親と一緒に寝たがったり、寝かしつけのときにぴったりくっつきたがったりするなら、スペースがあればですが、もっと広いベッド（80、90cmではなく105、120cm）に投資するのもありかもしれません。窮屈な思いをすることなく、全員がよく眠れます。

家具を置きすぎない

　子ども部屋にかぎっては、家具を壁に沿って配置することにメリットがあります。遊ぶためのスペースを確保できるからです。想像力を養い、身体もしっかり動かせるような空間を与えてあげましょう。子ども部屋でも、インテリアの「リズム」を忘れないでください。意識的に空間を空けてありますか？　詰めこみすぎていませんか？　家具をたくさん置くよりも、子どもの年齢や遊びの必要性に応じて変えていけるフレキシブルな家具を選んでください。

小屋と隠れ家

　子ども部屋にはたっぷり「ミィーシグ（心地よい）」な雰囲気を。クッションやや

わらかい素材で、部屋の中に小さな心地よい「部屋」（コーナーまたは隠れ家）をつくりましょう。静かに遊んだり、横になって絵本を読んだり、お昼寝できるように。

整理整頓

　子ども部屋の整理整頓には、おもちゃ、小物、レゴを素早く簡単に放りこめる素敵な箱を用意すること。もちろん、子どもたちの目の高さで。そうしないと、親がいなければ片づけられなくなります。

親のためのインテリアの抜け道

- よかったら、わたしの「トレイ技」を真似してみてください。子どもがいるからといって、家から素敵なものをすべて排除しなくてもいいんです。最初の数年（もしくは子どもが起きている間）だけ安全な場所、つまり手の届かない場所にしまえばいいのです。わが家では長男が1〜3歳の頃、ソファテーブルにお気に入りの雑貨をスタイリングしていました。キャンドルスタンド、小さな陶磁器の花瓶、錫製のマッチボックスや小物。それを全部、すぐに片付けられるようトレイにのせておき、息子が寝てからトレイごと取り出していました。
- 子ども部屋だけでなく、全体の収納を見直して、大人の負担を楽にします。子どもが使う各部屋におもちゃ用のバスケットを用意しましょう。子ども向けのデザインでなくてもいいんです。キッチンでは、その「バスケット」が子どもの背丈に合ったキッチンの棚のひとつかもしれないし、リビングなら中にものを入れられるフットスツールでも。
- 布張りの家具は、取り外し可能で洗濯機で洗えるものがいいでしょう。それが無理なら、ソファと同じ色か似た色のベッドカバーを用意し、必要なときにソファにかけてください。
- シミがカモフラージュされる柄のラグを選んで。
- 服のほこりをとるコロコロは、テーブルクロス、ラグ、家具のクッションなどの間に散らばった小さなビーズ、ラメなどをキャッチするのにも便利です。
- オフィスチェアの下の床に敷く透明なチェアマットが、テーブルの下のラグに子どもの食べ散らかしがかかるのを防いでくれます。子ども用品店でも販売されていますが、オフィス用品店のほうが安い（そして大きい）です。
- 家具や壁の落書きを拭きとるには、ウエットティッシュが便利。窓拭き用洗剤や食器洗い用洗剤も効果的です。
- 掃除機のノズルに薄手の靴下をはかせると、ソファのクッションの間や毛足の長いマットなど、狭い場所に隠れているレゴ片をキャッチできます。

購入アドバイス

　永遠に不滅の愛か、短くも燃えあがる情熱か――インテリアの場合、それを見分けるコツはあるのでしょうか。無駄買いを避け、長く使えるものに投資するにはどうすればいいのでしょう。

　わたしも長年失敗を重ねるうちに、しっかり選んで購入するためのテクニックが身につきました。特に、長期的に見てお得かどうかは大切です。

　この章では、わたしが個人的に培った戦略と、他の人たちに教えてもらった賢いアドバイスを集めました。

インテリア好きに贈る投資戦略

　時間が経っても飽きないかどうかは、当然人によって変わります。それでも、長く愛着がもてるようなポイントを押さえておき、買う前にそれを熟慮することで、よい買い物になる確率が上がるはずです。

フィット感と快適さ

　ファッションの世界なら、いちばん似合う服はその人の体型を考慮してこそ選べるもの。好きなスタイルや流行だからといって、サイズが大きすぎる靴を履いて歩きたくはないし、背中にブラが食いこむのは不快でしょう。でもインテリアの世界では、このポリシーがそこまで明確ではありません。実用性やあなたにとって何が最適かという事実に目を背け、よく考えればちゃんとわかる答えとは逆のものを選んでしまいます。トレンドだから、おもしろいから、かっこいいから。もしくは安いから、という理由で。大きすぎる、小さすぎる、狭すぎる、長すぎるといった問題点は無視したほうが、自由で爽快な気分になれるからかもしれません。

　フィット感や快適さを考慮することで、無駄買いや「短命な愛」を回避することができます。部屋の条件やサイズにいちばん合うものはどれですか？　家具の使い方を考えると、どの素材がいちばん機能的ですか？

クラシックな家具

　いまでは「不朽の名作」と称される家具やインテリアでも、斬新なパイオニアだと見なされた時期がありました。一時的なトレンドとは一線を画し、その時代を生き延びて、全盛期が終わったあともデザインアイコンとして君臨しつづける──そんな寿命の長いクラシックデザインに共通しているのは独創性、つまりそれにしかないユニークな構造や品質です。

　最新の家具のうち、どれが長く生き残るのか。それを見分けるのは難しいですよね。それなら、すでに歴史上にある「安全カード」に賭けるのが確実かも。昔の家具なら、あなたにもどれが「独創的」で中古市場の価値も高いのか、すぐに調べられます。

品質

　確実に言えるのは、未来のアンティークショップに並ぶ家具は、いま大量生産されているラミネート板の棚やパーティクルボードに薄いベニヤを張った家具ではないということ。そこには、構造的に修理不能だという単純な理由があります。表面をサンディングできないから、傷や亀裂の修復ができないのです。また、ファッション性の高い家具は一定期間のみの販売が多く、のちのちスペアパーツや部品が手に入らず、家具の寿命を延ばすことができません。

　職人の手によってつくられた無垢の家具を選ぶ。それもインテリア投資のひとつです。中古品の価値が、大量生産のものよりも高いからです。

　質が高くて長く使える家具は、どこで探せばいいのでしょうか。新旧ともに使える目安をまとめました。新しく製造された家具にも古い家具にも使えるリストです。

選ぶべきアイテム	選ばないほうがいいアイテム	理由
無垢材	ベニヤ、MDF、パーティクルボード	修理が簡単。経年とともに美しい味が出る。
FSC認証を受けたヨーロッパの樹種〔北欧の場合〕	熱帯雨林の樹種	北欧の気候・湿度に適応。持続可能な責任ある林業。トレーサブル。
ワシントン条約に抵触しない樹種	抵触するもの、ジャカランダやローズウッドなど絶滅危惧種	CITES（ワシントン条約）証明書がないものは不法に当たることも。
表面がオイル、ソープ、ワックス仕上げ	表面がラッカー仕上げ	撥水効果もありつつ、木が呼吸できる。傷は膨張させたりサンドペーパーで補修可能。
自然由来またはオーガニック塗料	従来型の塗料	環境にやさしくて、化学物質も少ない。美しい光沢。
天然なめし加工の革	クロムでなめした革	温室効果ガスの排出量、毒性のある化学物質の削減。
取り外し可能・洗えるカバー	カバーが取り外し不可能な家具	メンテナンスとお手入れが簡単＝寿命が延びる。
天然繊維（リネン、綿、ウールなど）	合成繊維・プラスチック素材	持続可能性。生産段階での化学物質軽減。自然界にマイクロプラスチックをまき散らさない。
テンセルまたはリサイクルポリエステル	開発されたばかり、または新しい合成素材	温室効果ガスの排出量が少ない。

一回あたりの使用コスト

価格の低い家具やインテリアアイテムを購入すると、そのときは安上がりに思えるかもしれませんが、長期的には割高になる可能性があります。わたしが身につけた投資戦略のひとつが、購入時のコストだけを考えるのではなく、想定寿命から一回あたりの使用コストを割り出すこと。高品質のハンドクラフト家具でも、購入価格を使用年数で割ると、大量生産の家具より安上がりになることがあります。大量生産家具は購入価格は安いものの、修理やパーツの取り替えがきかず、そのときは流行のデザインかもしれませんが、まともな中古価値もつきません。ゴミ捨て場にもっていく日には、廃棄コストまでかかることがあります。

気候にあった樹種の木材を選ぶのも大事です。木の本来の生育環境と、設置する室内の温度・湿度に大きな差があると、家具が傷んだり、乾燥してひび割れを起こすことがあります。

車のトランクに入るインテリアを

わたしたちの多くは、一生のうちに1か所以上の住まいに暮らします。その間に、好みのスタイルも少しは変わっていくでしょう。だから、どういう家具やインテリアに投資するかを考えるのが大切です。まだ買わずにおいたほうがいいものは？　何を基準に決めるかは、あなた次第。買い物の成功の秘訣はあなたの直感なのですから。ヒントとしては、最初のうちは住まいのサイズやデザインに縛られないようなもの、つまり引っ越しても使えるものに投資すること。壁に取りつけたりせず、車のトランクに収まるサイズで、住まいの条件に依存しないもの。それにはお金をかける価値があります。アート、デザインランプ、キャンドルスタンド、クラシックな花瓶、陶器、カトラリー、椅子などは、一生連れ添うことのできるインテリアです。まさに、学生寮から老人ホームまで。

蚤の市に持参するカンニングペーパー

　蚤の市巡りはチャンスにあふれていますし、ネットオークションで掘り出し物に出会うこともあります。あちこち見て回るのは楽しいですが、物にあふれた店に入った瞬間や、オークションアプリの検索ボックスを目にした瞬間、頭が真っ白になることはありませんか？　わたしは蚤の市通の人からスマートなコツを教えてもらいました。探しているアイテムを、常にスマートフォンのリストに書き留めておくのです。

　有名インテリアデザイナーのエルサ・ビルグレンから学んだテクニックもあります。蚤の市で宝探しをするときは、テーマを決めること。あなたが好きな店、人、有名人、時代といったテーマを設定し、その周波数に合わせて見て回るだけで、宝物が見つかる可能性が上がります。セカンドハンドショップでの買い物は、同じカテゴリーのものが無限に並んでいる家具店を見て回るときとは、マインドセットを変えなければいけないのです。でも、やればやるほど上達しますよ。手にカンニングペーパー（もしくはスマートフォン）をもって、ほしいものにたどり着きましょう！

価値の上がるヴィンテージ

　古い家具や雑貨、リトグラフなどに投資するつもりなら、ヴィンテージ価値を上げるポイントがいくつかあります。

来歴

　ヴィンテージ品の場合、特別な歴史があったり、著名人が所有したという経緯があったりすると価値が上がります。オークションハウスによっては、政府が不動産を改築・解体するときに実施するオークションもあるし、著名人の遺品の一部がオークションにかけられることも。いつかまた売ることを考えて、出所を証明する書類は保存しておきましょう。

古びた趣

　家具やインテリア雑貨は、経年劣化したものに価値があることも。機械などで人工的には出せない劣化ならなおさら。古びた趣があるかどうかは、オークションの資料にも記載されています。

プロトタイプ

　家具職人や芸術家、陶芸家は、生産開始の前に三次元のプロトタイプを製作します。運がよければ、有名家具や、結局生産されることのなかったモデルの貴重なプロトタイプを入手できることがあります。入手困難なものは、現在も今後も付加価値がつきます。

記念版やリミテッドエディション

　○周年記念やコラボレーションで生産されたモデルは「リミテッド・エディション」や「限定版」と呼ばれ、時間が経つと、高級ブランドであれイケアの限定コレクションであれ、コレクター価値がつきます。

シリアルナンバー

　リトグラフやアートプリントを購入するときは、シリアルナンバーを確認するのが重要です。何番まであるかで、長期的な価値が変わってきます（数が少ないほど、価値が高い）。あなたのもっている作品の番号も価格に影響します。数字が小さいほうが、価値が上がります。

安さの甘美が
過ぎ去ったあとも、
質の悪さの苦みは
長きにわたって残る。
——ベンジャミン・フランクリン
（1706–1790、政治家・物理学者）

優先順位づけの原則

　購入の優先順位を整理するために、長年かけて独自のアプローチを開発しました。さまざまなアイテムをこのように分類しています。

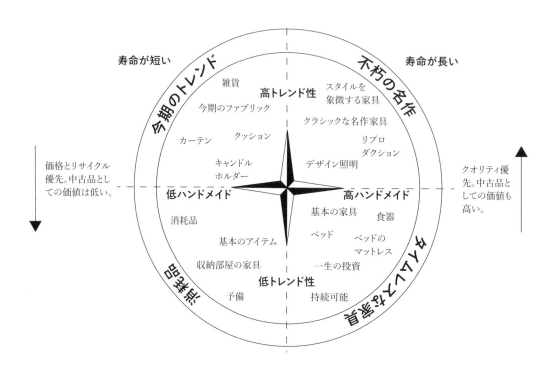

高トレンド＋低ハンドメイド＝寿命が短い

「この春のトレンド」と紹介される色、素材、ITガジェットなどは、「今期のトレンド」に分類され、たいてい安価な材料で大量に工場生産されています。つまり品質が悪く、独自性にも欠け、たいていは寿命も短くて中古品としての価値も低いもの。わたしは、大きな家具を買うときはここに属するアイテムを避けています。買うとしたら、小さなもので、リサイクルできる素材のもの、中古市場にあるもの。アンティーク風の真鍮のキャンドルスタンドがトレンドなら、わざわざ古びた趣を出した新しい大量生産品を買わなくても、すでに古くなったものが売られているわけですから。

高トレンド＋高ハンドメイド＝高い確率で寿命が長い

　高いトレンド性と高いハンドメイド品質を兼ね備えた家具やインテリアは、時代を超えて愛され、中古品としても高い価値をもつことになるでしょう。のちのち不朽の名作になる可能性もあります。このカテゴリーでは、わたしは耐久年数の長い素材のものや歴史的に価値が安定しているものを選びます。たとえば真鍮や銅といった金属のアイテム、吹きガラスなどの工芸品です。

低トレンド＋低ハンドメイド＝寿命が短い

　このカテゴリーでは、個性を必要としないアイテムや、定期的に取り換えるものを選んでいます。消耗品、収納部屋の家具、玄関マット、収納ボックス、キャンドルなど。選ぶ基準は、環境に優しく耐久性のある素材で、なんらかの形で自然に還るもの、資源回収に出したりリサイクルできるものです。

低トレンド＋高ハンドメイド＝高い確立で寿命が長い

　ここでもインテリアとしては目立たないもの、しかし一生の投資になるようなものを選びます。ベッドやマットレス、日々の食器やカトラリー。トレンド性はさほど重要ではないものです。その家具やインテリアが一生あなたの目を飽きさせないことのほうが大事なのですから。品質の高いものを買えば、中古としての価値も高くなるでしょう。だからこのカテゴリーでは商品の価値基準をしっかり比較します。ベッドにしても、大量生産品ではなくハンドメイドの上質なものを買えば、中古市場でもそれなりの額がつきます。

カギになる寸法と
バランス

　家をスタイリングするときに、自分の夢や直感に従うのは素晴らしいことです。一方で、寸法や人間工学的な要素も大切。そうすれば、日常生活で無駄にいらいらするのを避けられます。この章では一般的な推奨事項や、知っておくとよい部屋ごとの大事な寸法をまとめました。

家の人間工学

　歴史的に見ると、スウェーデンは住宅の研究や人間工学のパイオニアです。1940年代初頭には国が住宅研究所（Hemmets forskningsinstitut）を立ち上げ、理想の住宅基準を追求するために大規模な調査や情報収集を行いました。たとえば家庭での「炊事」という作業を計測し、それに基づいて、家事の人間工学や作業効率改善のために建築基準を発表。住宅研究所は1957年に再編されて消費生活総合研究所（Statens institut för konsumentfrågor）になり、現在では消費者庁(Konsmentverket)と呼ばれています。

　ジェンダーの観点から見ると、1940年代以来社会は大きく変わっています。当時はスウェーデンでも女性の多くが主婦で、人間工学という意味でも住宅環境は決してよいものではありませんでした。当時調査が行われて建築基準が向上したのは、家も「仕事の場」だという考えが広まりつつあったおかげです。より安全な住宅、そしてそこで行われる活動に適したつくりにすること。いまでは主婦がひとりで家事をする時代は終わりましたが。

　この章では建築基準にも触れますが、一般的な目安やよきアドバイスなども含めました。定規をもって家の中を走り回ったり、ミリ単位で家具を設置したりしてほしいわけではありません。トレンドと同じで、何が正しいかは人によって答えが違います。ただ、身体のサイズに合った動きやすい家をつくることで、日常生活の煩わしさを軽減することができるはず。ここで挙げる寸法はあくまで推奨であり一例ですが、インテリアアイテムを飾ったり、調整したり、取りつけたりするときに知っておくとよいことばかりです。どの高さや位置にそれを取りつければいいのかは、本能的にはわからないことですから。

　お住まいの国によっては、ここに記されている基準サイズとは異なる場合があります。それでも基本原則は同じです——家の中でのさまざまな活動のために、必要なスペースを確保しましょう。

家のミニチュア

　引っ越しやリノベーション、新築の家が完成する前に、インテリアの配置を試すことのできるデジタルソリューションはいくらでもあります。それでも紙とペンで作業したければ、家の間取図を1：100スケールでコピーして。これは、たいていの住宅メーカーや不動産業者が使っている尺度です。次に、それと同じ縮尺で家具やインテリアの「紙人形」を切り抜きます。それを動かしていろいろな配置を試し、どこが狭くなりすぎるか、あなたの家にはどういうサイズの家具が適当なのかなどを確認しましょう。

　1：100のスケールでは、紙の1cmが実際の1mに相当します。方眼紙のマス目はたいてい0.5cm四方です。

もちろん、何をスタンダードな寸法とするかは意見がいろいろあります。自分の家のようにプライベートな空間に理論や推奨寸法をもちこむなんて、ばかばかしいと感じる人もいるかもしれません。でも、目安があったほうがありがたいと思う人もいます。わたし自身は、オフィスではこれだけ人間工学がもてはやされているのに、家ではなぜ取り入れないのかが不思議です。職場よりも自宅で過ごす時間のほうが長いのに。

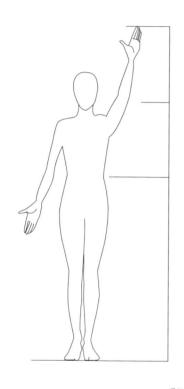
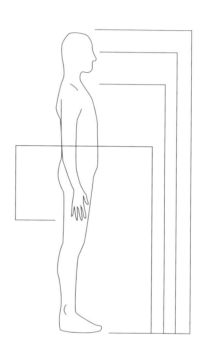

　人間の身体の寸法を研究する人体測定学（アントロポメトリー）は、製品の規格や基準を決めるときにも使われますが、家具デザイナーやインテリアデザイナーにとっても、機能的で快適な環境をつくるための大切なインスピレーション源です。

　人体測定学では、たとえば脚や腕の振れ幅を分析して、手の届く範囲、何かと何かの距離、どのくらいの空間が必要かなどを算出します。各業界に慣習があり、体型に基づいた基準値があります。ファッションでは当然のことですよね。服にサイズが記載されているのですから。これは家のインテリアでも重要なことです。背の高い人もいれば低い人もいますから、何かが障害になったり、通路が狭すぎるといったことがないように、機能的な家づくりを目指しましょう。

インテリアを計画するときは、扉や引出しのある家具（クローゼット、戸棚、キャビネットなど）の寸法を考慮しましょう。扉や引出しがすべて開いた状態だと、どのくらいスペースをとりますか？それを考えておかないと、いらいらさせられたり、開くときにいちいち他のものをどけるはめになります。開口部の寸法は常に計算に入れて、通りみちや近くの家具の配置を決めてください。

玄関

　玄関は家によってサイズもデザインも違います。しかし共通するのは、人が最初に出会う空間であり、家に入るために誰もが通過する場所だということ。「玄関は外の世界への扉である」とどこかで読んだことがあります。そう考えると、玄関がボトルネックになるのは困りもの。帽子ラックは充分な高さがありますか？　コートハンガーのサイズは適切ですか？　自分たちの靴とゲストの靴を置くために、どのくらいのスペースが必要ですか？　いくつかヒントを紹介しておきます。

－ 帽子ラックは通常、床から約180cmのところに取りつけます。
－ 帽子ラックの下に靴箱やコートハンガーをつける場合、家でいちばん長いコートの丈で考えてください。長いコートは床から140〜160cmのスペースが必要なこともあります。
－ ハンガーの幅は通常40〜45cmで、服をかけるとさらに少し幅をとります。服を外すときにはハンガーが揺れますから、奥の壁やバーを傷つけないように、バーは余裕をもって取りつけてください。

— そこに上着を何着かけることができますか？　ダウンコートなどボリュームのあるコートは、ハンガーにかけたとき一着につき約10cmの厚みになります。

— 帽子ラックに置く帽子やキャップ、自転車用ヘルメットは、ひとつあたり約30〜35cmのスペースが必要です。

— 靴棚は、大きな紳士靴に対応するなら最低32cmの奥行が必要です。

— 低めのフックバーの高さの目安は床から95〜100cm。

— クローゼットの奥行は約60cm。これは偶然ではなく、服をかけるのに必要な奥行です（ハンガーに服をかけたときの幅は通常約55cm）。スライドドアのクローゼットはドアが二重になっているので、奥行は68cmのものが多くなります。

— 玄関のインテリアを考えるときは、家具を置きすぎないように。上着を着るための動作域も必要ですから。大人が自分で上着を着る場合、直径90cm程度は必要になります。

バスルーム

　水回りのリノベーションは専門業者にお願いしなければいけませんが、インテリアを計画したり、家具を購入したりするためにも、最低限の標準寸法を知っておくとよいでしょう。シャワーカーテンはどの高さに吊るせばいい？　タオルをかけるフックの高さは？

－ シャワーブースのスペースは幅80cm、奥行80cmです。
－ シャワーカーテンを下げるバーは通常、床から200〜220cmの位置に取りつけます（天井高とカーテンの長さによっても変わりますが）。それで、大人も身を屈めずにブースに入れます。
－ シャワーカーテンの標準寸法は180×200cmまたは180×180cmです。
－ シャワーカーテンが不衛生にならないよう、床に引きずらないように調整します。ただし、水が飛び散るのを防ぐためには高すぎてもいけません。シャワーカーテンのバーの高さを決めるときは、カーテンリングまたはフックの寸法も含めるのを忘れないように。
－ トイレットペーパーホルダーは床から65〜70cmのところに設置します。
－ ハンドタオルのフックは、床から100〜120cm。バスタオルはもう少し上で、150〜160cmあたりだと床に触りません。
－ 洗濯カゴの高さは通常60〜70cmです。
－ バスルームのドアが内側に開く場合は、ドアの開閉範囲も考慮しましょう。そこに洗濯カゴや家具を置いて狭苦しくならないように。
－ ドレッサー、背の低いバスルーム用キャビネットや収納棚の前にはスペースを空けて、他のものに邪魔されることなく扉を開けられるようにします。
－ バスルームでは、歩き回るために少なくとも幅70cmのスペースを残すよう推奨されています。

キッチン

　スウェーデンのキッチンは、長年、人間工学と住宅計画の研究対象になってきました。なのに、新しいキッチンの多くが、せっかくの研究結果を考慮していないように見えるのが残念です。見た目は素敵だけど、どうしようもなく機能性に欠けているのです。コンロがキッチンの端にあり、シンクがもう一方の端にあったりします。茹であがったパスタのお湯を捨てるために、熱い鍋をもって部屋の端から端まで移動しなければいけないなんて……。

　目安になる建築基準や規格もありますが、キッチンのように大規模で高度なリノベーションの場合、計画の時点で非常に役立つ一般的なアドバイスがあります。いちばん重要なのは「三角形の動線」でしょうか。コンロ、冷蔵庫、シンクが三角形になるよう配置します。キッチン内での移動はこの3点の間がいちばん多いので、それぞれ離れすぎないように。

　キッチンの設計に関しては本が一冊書けるくらいですが、ラフスケッチを始める前に知っておくとよいことがあります。なお、キッチンや水回りは、壁に固定するものの配置に関しては専門家にも相談することをおすすめします。

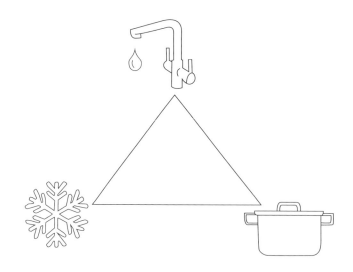

調理、そしてものを出すためのスペース

- シンクとコンロの間には80〜120cmの作業エリアが必要です。狭すぎたり使いづらかったりしないように、これはとても大切なことです。
- キッチンカウンターの標準奥行は60cm。もっとスペースが必要なら、70cmの奥行を選んで作業エリアを増やすことができます。
- キッチンカウンターの高さは90cmが標準です。標準的な身長の方が作業しやすい高さになっています。
- キッチンカウンターから吊り戸棚までは少なくとも50cmのスペースが必要です。そうでないと調理中に棚に頭をぶつける危険があります。
- 冷蔵庫／冷凍庫やビルドインオーブンの横には、出したものを置くためのスペースを設けると使い勝手がよいです。コンロとオーブンの横のスペースは耐熱にするのを忘れずに。冷蔵庫は、物を置くスペースの側に扉が開くほうが便利です。
- ひじのためのスペースも忘れないでください。たとえば、コンロのすぐ横に壁や棚がこないように。コンロの両側に少なくとも20cmのスペースがあると調理がしやすいです。

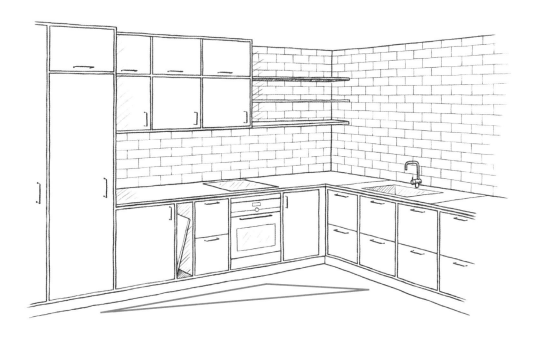

通りみちと何もない空間

− ビルトインオーブンや食洗機は扉を開く必要があるので、その前に少なくとも120cmの空間が必要です。食洗機は、頻繁に通りがかるところに配置しないように。開いたままの扉にぶつかることもあります。

− 棚や引出しの前は、110cmあればOK。

− カウンターを2つ並行に並べたキッチンでは、その間が120cmあるのが適度な距離ですが、ぶつからずに2人同時に作業するには140cmがおすすめです。

その他

　キッチンの壁にコンセントを設置するときの基本原則は、壁1.5mごとにダブルソケットがひとつです。コンセントを常にさしたままのコーヒーメーカーなどは、カウンターと同じ高さの位置にコンセントがくるように。時々使用するだけのキッチン家電なら、吊り戸棚のすぐ下の壁でかまいません。壁には掃除機用のコンセント、天井や窓の近くに照明用のコンセントを用意するのも忘れないでください。

ダイニングテーブル

　ダイニングテーブルがキッチンにある場合でも別のダイニングルームにある場合でも、楽に立ったり座ったり、快適に食事を楽しむためにちょうどよい寸法があります。

布張りの椅子の場合、座面高は座ってクッションが押された状態で測ります。クッションがやわらかいと座ったときに大きく沈みますが、硬いクッションはそれほど沈みません。

− ダイニングチェア：座面は約40×50cm、座面高41〜45cm。

− ダイニングテーブル：床からテーブルトップまで約72〜75cm必要。ダイニングテーブルの天板の裏から床までは、椅子と人間の脚がちゃんと入るように最低63cm。これで快適に座れます。

- 床までの距離は、テーブルの天板の表から測定しないように。天板が厚い場合や裏側がざらざらしている場合、太ももがこすれたり、脚が入る空間が狭くなるかもしれません。天板の裏から測定してください。

- 椅子の座面からテーブルまでは27〜30cm必要です。座面の高さは椅子のモデルによって異なるため、テーブルと椅子がセットではないものを購入するなら、よく測ってから。古いテーブルを購入したり人からもらったりする場合も、寸法をよく確認して、椅子のサイズに合うようにしてください。

- 円形のダイニングテーブルの場合、4〜5人がけなら直径110cm以上、6人がけで120cm以上、8人がけで150cm以上必要です。

- そのテーブルに何人まで座れるでしょうか。食器、カトラリー、グラスのスペースを考えて、ひとりあたり60×35cmで計算します。座席の幅だけではなく、腕の可動範囲も考えてのことです。長方形のダイニングテーブルは幅80cm以上必要です。

- ダイニングテーブルに座れる人数を計算するときは、テーブルの脚の位置も確認してください。テーブルの脚が普通とは違った位置についていたり、極端に曲がっているデザインだったりすると、テーブル面の広さだけでは計算できません。

- 椅子を引き出しても問題がないように、壁や他の家具からは少なくとも70〜80cm離してください。棚や引出しが近くにある場合は、扉が開いた状態も考慮して。特に、ディナー時に開く可能性のある扉は要注意です。

- ダイニングとキッチンカウンターの間は、棚の扉や引出しを開閉できるよう、少し余分に距離をとる必要があります。ダイニングテーブルの端から戸棚まで、約120cmを目安に。

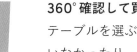

360°確認して買う！

テーブルを選ぶときは、裏側も確認してください。板が磨かれていなかったり、ネジが突き出ていたり、表面がささくれていたりすると、タイツや洋服に引っかかってしまいます。

リビングルーム

　リビングには、ソファやアームチェア、さらにはダイニングテーブルまであることも珍しくありません。機能的な配置にするには、家具の間を適切な距離に保ち、家具が邪魔になることなく通ったり、ソファから立ち上がる必要なくソファテーブルにコーヒーカップを置いたりできることが大切です。リビングをプランニングするときの留意点をまとめておきます。

ー ソファは背後の壁の幅3分の2に収めてください。それより大きいと、部屋が狭く、家具だらけの印象になります。

ー ソファテーブルは、ソファ幅の3分の2以下に。特別に長いソファの場合は、小さめのテーブルを2つ並べるか、高さの違うネストテーブル（使わないときは重ねられるタイプ）を使うと、2本の平行線が並んでいるように見えるのを避けられます。

ー ソファテーブルの高さは、標準の高さのソファなら約40cm。ソファからソファテーブルの距離を30〜40cmにすると、座るのにも狭くないし、立ち上がったり手を伸ばしたりすることなく新聞やコーヒーに手が届きます。

ー それ以外の家具は、スムーズに通れるよう、もう少しスペースを空ける場合もあります。まずは50〜60cm空けて、様子を見てみましょう。

ー 座っている状態でもお互いの顔が見え、声が聞こえるように、家具を配置します。250〜300cm内に収めるのが適当です。距離が遠いと話しづらく、近すぎると不快になります。

ー フットスツールやクッションスツールは、ソファよりも高くならないように。低いほうがバランスよく見えるし、足を上げるのも楽です。

ー 本棚は、普通サイズの本を収納するのに奥行最低30cmが必要です。大きな写真集やアートブックを入れるなら40cm。ペーパーバックは11cm以下なので、奥行の浅い棚でも大丈夫です。

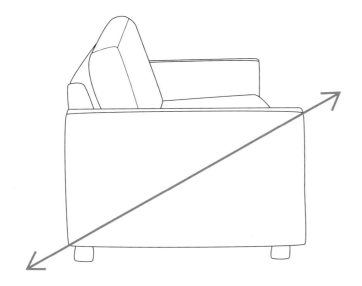

大きな家具を注文するときは、事前にエレベーターの内寸、ドア口、階段の寸法を測り、家具の対角線の長さと比べておきましょう。一軒家なら玄関ドアのサイズ、さらに玄関で他の部屋や階段のほうに向きを変えたりするスペースも必要です。1階だけでなく2階まで運び上げるときはそのことも考慮に入れてください。大きすぎるなら、2階にある大きな窓やバルコニーまで家具を吊り上げることはできますか？

— バルコニーのドア周辺には、出入りする動線に邪魔なものがないように。家具がドアの開口部ぴったりまでこないように。通りやすいよう、少なくとも10cmはスペースを確保してください。

— ソファやアームチェアの寸法はモデルによって異なりますが、ひとりあたりの座席幅は最低60cmが一般的です。

— ランプのシェードは、ソファやアームチェアに座っていてもまぶしくない位置を考えましょう。

— シャンデリアの下を通りたければ、床から少なくとも200cm上に吊るしましょう。クリスタルシャンデリアのキャンドルに火をつけると、キャンドルの熱で天井の表面が変色したり、最悪の場合は火事になる危険性もあります。

ベッドルーム

　ベッドルームはキッチンほど機能的な寸法にこだわる必要はありませんが、実用的で調和のとれた状態をつくるための目安はあります。ベッドルームこそ、いらいらしたり、問題を「収納」したりしたくないですよね。リラックスと休息のための部屋なのですから。

　家具が密集した印象にならないように、まずはベッドのサイズが部屋のサイズに合っているかどうかです。部屋がもともとダブルベッドまたはシングルベッド用に設計されている場合は、新築の家でもすぐにそうだとわかるでしょう。でもリノベーションして間取りを変えたり、本来はそうではない部屋をベッドルームとして使う場合、最低限の目安を知っておきましょう。ベッド周りにどれだけのスペースがあれば、ベッドに入ったり起きたりしやすいのか。ランプ、ベッドサイドテーブルなどの家具がベッドに対してどういう位置にあるかは、雰囲気にも機能性にも影響します。

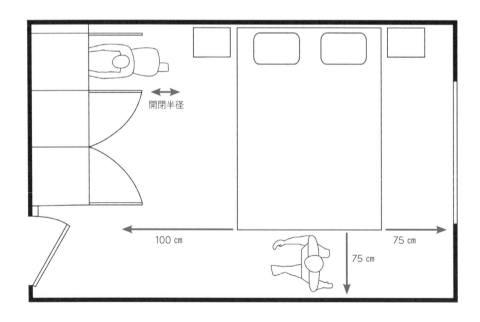

開閉半径

100 cm

75 cm

75 cm

— 幅75〜90cmのベッドはシングルベッドで1人用です。幅120〜180cmはダブルベッドになり、2人用として設計されています。

— 基本的には頭のほうに10cm、足のほうに10cm、ベッドに余裕があるといいとされています。身長が190cmを超える人には、多くのベッドメーカーが長さ210cmのベッドを推奨しています。標準的なベッドは200cm。

— ベッドの高さは、メーカーやモデルによって若干違います。快適なベッドの高さは55〜60cmだと言われていますが、ベッドサイドに座るには、45〜50cmが適当です。ホテルのようなダブルクッションのベッドだと、マットレスとベッド脚も含んで高さが75cmにもなる場合があります。一緒に寝る子どもがいる場合は気をつけてください。ベッドから落ちると、かなりの衝撃になります。

— ベッドサイドのランプの種類は、あなたがベッドでよく本を読むのか、それとも就寝前に点灯するだけなのかにもよります。本を読むなら、直接光のランプがいいでしょう。座った状態でも横になった状態でも読書をするなら、上下左右に調整できるランプが便利です。ランプを壁に取りつける場合、その位置はベッドのフレームとマットレスの高さによって決まります。それによって、座っているときと横になっているときの目の位置が変わるからです。読書している人も、隣で眠ろうとしている人も、まぶしくないように配慮してください。

— シングルベッドならベッドの片側に最低75cm、ダブルベットなら両側に75cmのスペースが空くように。壁よりクローゼットに近い場合は、もっと空けたほうが快適です。クローゼットの扉の開閉を考えて、ベッドサイドテーブルにもぶつからないように。

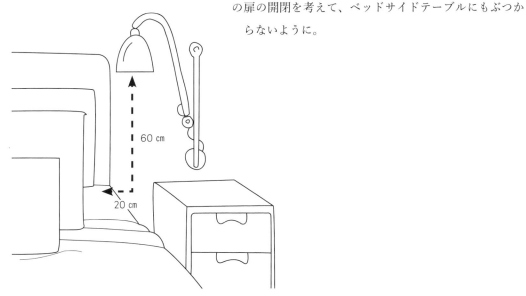

60 cm

20 cm

- ベッドのサイドテーブルの高さは、脚とマットレスを含むベッドの高さとバランスをとります。標準的には50〜70cmです。
- ベッドサイドランプ／読書灯を壁に取りつけるなら、いちばん快適な位置はマットレスの高さによって決まります。インテリアデザイナーのカーリン・エスピノサ・モレルがブリュッセルの建築事務所の依頼でホテルの客室を300室デザインしたときに、ベッドサイドランプの高さを決める数式を考えだしました。光源が正しい位置にくるのは、マットレスの端から外側へ20cm、上へ60cmのところです。
- ベッドルームの家具の配置を考えるときは、ベッドのフレームや厚みのあるヘッドボードで、ベッド自体のサイズはマットレスのサイズより数cm大きくなることに注意してください。
- ベッドフレームから独立したヘッドボードは、壁を保護し、枕のストッパーにもなるように、マットレスから少なくとも20cm以上高いものがよいでしょう。
- 自分で二段ベッドをつくるなら、大人も頭をぶつけずに身体を起こせるような高さを確保しましょう。

仕事部屋

　自宅で勉強や仕事をする人、趣味の部屋がある人は、人間工学を取り入れて、長時間座ったままでも肩や腰を痛めないようにしましょう。わたしは自分の経験から、パソコン、本、ノートが置けるサイズのデスクを選ぶようアドバイスしています。パソコンで作業するといっても、手書きでもメモをとったりするし、教科書も広げられたりしたほうがいいからです。

- テーブルトップの寸法は75×120〜150cm。それだけあればパソコンや資料が置けるし、手や腕のためのスペースも確保できます。テーブルトップの奥行は、薄型ディスプレイを置くなら少なくとも80cm、デスクトップパソコンや厚いモニターディスプレイなら約100cmは必要です。
- オフィスデスクの高さは通常約75cmですが、パソコンで作業する場合は少し低めになります。
- オフィスチェアは座面が40×50cm、座面高が41〜45cmです。

- 一般的なオフィスチェアは、引き出したり立ち上がって横に出るために、約70cmのスペースが必要です。回転する椅子なら約60cm。
- ただし、キャスターつきの回転オフィスチェアは、床の上をスライドするため、それよりもスペースが必要です。普通の椅子と同じように70cmを確保してください。
- オフィスチェアのアームレストは、上下左右に調整可能で、簡単に脇によけたり取り外したりできるものがよいでしょう。椅子に座っている人の体型に合わせられるし、デスクぎりぎりまで椅子を近づけたいときにも邪魔になりません。
- デスクの下には脚を入れるためのスペースが必要です。邪魔になるような厚い天板、書類キャビネットや幅をとる脚などは避けましょう。

家に大勢ゲストを招いて食事をすることが多いなら、ダイニングテーブルと同じ幅のオフィスデスクを選ぶのもひとつのアイデアです。そうすれば、パーティーのときに臨時のテーブルとして使えます。

ランドリールーム

　スムーズに作業できるよう、特に動かせる家具に関しては、知っておくとよい寸法があります。ドラム式洗濯機の前の作業スペースは、洗濯かごや大きなゴミ箱でふさがないように。洗濯物を出し入れするたびに移動しなければいけません。物を置きすぎて部屋が狭くならないように。その他、ランドリールームで役立つ目安を書いておきます。

- ドラム式洗濯機や乾燥機の前には作業スペースが必要です。目安は1.5×1.5m。
- ドラム式洗濯機の扉の下から床までの距離は少なくとも50cm、できれば75cmが理想です。湿って重い洗濯物の出し入れが楽になります。
- ドラム式洗濯機を選ぶときは、付近の戸棚の扉の開閉半径も考慮してください。また、部屋のドアの開閉領域も考えましょう。中に人がいてもドアを開けることはできますか？

インテリアの
プランニング

インスピレーションになるような写真やサンプルを集めてコラージュをつくり、目指すべきイメージを視覚化する。それはムードボードと呼ばれています。インテリアの計画を立てるために好きな写真を集める──それだけ聞くと簡単に思えるかもしれませんが、これが意外と難しいのです。すでに試した人は、途中で行きづまった経験があるのではないでしょうか。素敵な写真ばかりだけど、方向性があっちにもこっちにも果てしなく広がってしまった写真やアイデア。どうすればそれを実際のプランニングに活かせるのでしょうか。この章では、計画プロセスを楽にするためのヒントやアプローチを紹介します。あなたのムードボードが成功することを願って。

ムードボード

　プロのインテリアデザイナーは、プロジェクトに着手する前に、必ずムードボードをつくります。さまざまなアイデアを試し、これぞというコンセプトにたどり着くまで実験を繰り返すためです。目指す雰囲気やスタイルを他の人、つまりクライアントである個人や企業に対して明確にするためでもあります。ムードボードは、自分だけでなく他の人（あなたの場合なら家族、職人さん、店のスタッフなど）を計画に巻きこむのにも役立つのです。あなた自身がどうしたいのかをはっきりと視覚化することで、他の人もあなたにアドバイスしたり、手助けしたりしやすくなります。

デジタルではないムードボードをつくるなら、お店に行くときにそれを抱えていくよりも、スマートフォンで撮影しておいたほうが楽です。常に自分のアイデアが手元にあることで、偶然いいものを見つけたときも、記憶をリフレッシュして無駄買いを避けることができます。

漏斗のテクニック

　ムードボードは、インテリアや建設プロジェクトのさまざまな段階で活用されます。初期に導入するムードボードはあくまで抽象的です。ざっくりしたイメージや合意のようなもの。具体的、詳細なアイデアや提案ではありません。しかしプロジェクトが進むにつれムードボードは具体的になり、買い物リストのようになっていきます。

　すでに建っている家やもう住んでいる住まいの一部屋をスタイリングするなら、最初から決まってしまっている前提条件がいくつもあるでしょう。また、外観（家が建った当時の建築様式、建材、外壁の色や周囲の建物）からヒントを得ることもできます。それがあなたの抽象的なアイデアを進化させ、漏斗の狭い部分もするりと通り抜け、イメージの視覚化を詳細に詰めることができます。

　あなたがどの段階にいるか、自分のスタイルにどれだけ確信をもっているかによって、プロセスを漏斗に見立ててみましょう。あなたに必要なものだけを濾していくイメージ、わかりますか？　確信がもてないなら、冒頭の段階にもっと時間をかけて、

目指している生活の抽象的なビジョンやアイデアを整理する必要があります。まだ条件が整っていないわけだから、「写真形式のショッピングリスト」としてのムードボードができあがるのはもっとあとです。

ケーキのピースのテクニック

その部屋をどう使いたいかを考えてみてください。第1章のニーズ分析を参照して。その部屋での生活はどんな感じで、あなたにはどんな希望がありますか？　どんな機能を優先させるのかがはっきりしている人もいれば、まだわからない人もいるはずです。

円グラフを作成し、その部屋で行われる各アクティビティを、大小のケーキのピースで表します。一日または一週間でそのアクティビティに費やす時間の長さを基準にするか、アクティビティの重要度によってケーキのサイズを割り当てていきます。こうやって全体を洗い出し、新しいインテリアに求めるニーズに優先順位をつけていきます。

ムードボードの材料

ムードボードに決まったレシピはあるでしょうか？　いいえ、それぞれ独自の方法で進めてよいのです。想像力で理想のイメージを描くほうが楽だという人もいれば、何度もアドバイスやインスピレーションが必要になる人もいます。わたしが普段念頭に置いている「材料」をリストにしておきますが、すべて必須だというわけではありません。あなたが自分に必要だと思うものを選んで使ってください。

1. 雰囲気／理想のイメージ

あなたの求めるライフスタイルや雰囲気を、明確なイメージにしてください。リビングを改装するなら、完成したあとどんなふうに使っている様子を夢見ていますか？　暖炉の前で家族とボードゲームをする夜？　快適なソファで家族とのんびり映画を観る夜？　あるいは大勢ゲストを招いての素敵なパーティー、それに必要な大きなテーブルを夢見ていますか？　その雰囲気や部屋でやりたい活動を象徴する写真や画像を探してください。

あなたのニーズを囲いこみ、理想のイメージや雰囲気を具体化してやっと、普通の人が始める段階にたどり着きます。つまり、リサーチの段階です。インスピレーショ

ンを与えてくれる写真を探しに出かけましょう。先入観はすべて取り払って、素敵な部屋からスマートなソリューション、ドキドキするようなきれいな色やディテールにいたるまで、すべて保存しましょう。雑誌、カタログ、パンフレット以外にも、インターネットは他に類を見ないインスピレーションの源です。ただ、情報が多すぎて目的を忘れてしまうので、あなたのニーズと理想のイメージを明確にしておく必要があります。この段階では、迷子になりやすいから。

　とはいえ、迷子になったっていいんです。ある程度の間なら。あれこれ試し、自分の好みや自分がどうしたいのかを探るのが目的なのですから。思考回路を何周も回ることになるのは覚悟しておいてください。あなたが本当にほしいもの、好きなものの核心へとたどり着くために。

2. 家の外観

　家の建築や外観に、プロジェクトを前進させるヒントはありませんか？　外壁の色、建材、建てられた時代の建築様式、それとも当時の歴史を反映させる？

3. カギになるスタイル

　いやというほどインテリアの写真を見ているうちに、自分がつい特定のインテリアに目がいくことに気づいたでしょうか。ここで勇気を出してふるいにかけ、捨てるものは捨てましょう。あなたのビジョンをより明確にするために。

ー正直になりましょう。あなたが本当にいちばん好きなものは何？　他の人にすごいと思われたくて集めたアイデアはありませんか？　100％自分のものだと思えないものは捨ててください。

ーどれなら実行可能でしょうか——少しの想像力とエネルギーと優先順位があれば。その一方で、どんなに努力しても手の届かないものはどれ？　無理だとわかっているものはあなたを落胆させるだけなので、取っておいても仕方がありません。

ー（少しだけ）合理的になりましょう。何があなたのいまの生活に合っていて、当面は非合理的なのはどれですか？　この時点でいらだちが募るなら、日常に対して非現実的なビジョンを抱いているからだと思うのです。人生の夢をあきらめることはすごく残念で悲しいことですが、たまにはそうすることで得られるものもあるはず。自分に優しくあるためには必要なことです。人生はさまざまな段階で構成されています。あなたが夢見ているものは「いま」

はうまくいかないだけかもしれません。経済状況、小さい子どもがいること、通勤距離など、どうしても歯車が噛み合わないせいで。それならそれで覚悟を決め、必死に抵抗するよりも手離したほうがいいのです。抗うのではなく、いまある条件内で考えてみましょう。

　画像の選択に集中したわけですから、その内容も簡単に解読できるでしょう。なぜあなたはこれらの写真に惹かれたのですか？　その画像の構成要素のどこがスタイルの秘訣ですか？　自宅をそんなふうにするための「スタイルのカギ」になるのは何？写真に繰り返し現れる共通点を探すことで、手がかりが見つかります。

－家具のチョイス、スタイルに大きな役割を果たしているインテリアのディテールは？
－明確なシルエット／形状は？（ドレープなのかタイトな生地なのかなど）
－絵をたくさん飾った壁なのか、一点豪華主義なのか？
－雰囲気やスタイルを出している照明は？
－ラグや床は？
－植物の種類は？（フサフサまたはタイト）
－部屋の雰囲気は？（ボヘミアンなのかミニマリストなのか）
－色のスペクトルは？（暖色なのか寒色なのか）

　写真を解析するのが難しいですか？　選んだ写真に目を通しながら、昔からある方法を使いましょう。心惹かれるもののリストをつくるのです。同じものが出てくるたびに、チェックを増やしていきます。これ以上わかりやすい方法はないでしょう？

4. 既存の家具

　ムードボードで多くの人が犯す間違いは、すでにもっている家具を考慮に入れていないこと。実際のところ、すべて新しいものを購入できることなどありません。新しく追加するアイテムだけに基づいてムードボードをつくっても現実的ではないし、持続可能なプランにもなりません。

　部屋の色を決めるときは、あなたが親戚から受け継いだ古い品や、長年使ってきて絶対に捨てるつもりのないインテリアを基準にしてみては。そうすることで、新しいものを古いものに自然に組みこむことができ、カラーパレットも今後長く使えるものになる可能性が高くなります。その時々のトレンドではなく、あなた自身の心に響く

ものだから。

　古いインテリアをムードボードに入れられるよう、すでにある家具に似た写真をオンラインで検索するか（オークションサイトをチェック）、スマートフォンで写真を撮って印刷しておき、プロジェクトの過程で忘れないようにしましょう。

5. 色のパレット

　次のステップは、あなたがいちばん心地よい色を考えることです。目から入る刺激や敏感さについては、p. 14の「インテリアに対して臆病？」の項を参考にしてください。これだという色が見つかるまで、さまざまな色の組み合わせを試してみて。目的は、インテリアが最終的にまとう色・カラーパレットを見極めることです。

6. 素材のパレット

　どんな素材を使いたいですか？　第1章のスタイル分析が手がかりになるかもしれません。あなたが家にほしい素材は？　木の色は明るいものが好きですか？　それとも暗いもの？　金属なら温かい色、それとも冷たい色（クロム、銀、スズ、真鍮、または銅）？　古びた趣のある天然素材、それともパウダーコーティングのマットな仕上げが好きですか？　デジタルではないムードボードをつくっているなら、床や天然石、モールディングなどのサンプルを集めることもできますね。これで、家具から小さな部材にいたるまで、いろいろな選択が楽になります。

7. テキスタイルのパレット

　家に居心地のよい雰囲気をつくるには、いろいろな「質感」が必要です。テキスタイルはバリエーションを出すのに便利なので、ムードボードでも部屋にもちこみたいテキスタイルの種類について考えておくといいでしょう。ベルベットや重厚なブロケードが好きですか？　それとも軽快なボイル生地や涼し気なリネンのシーツ？　取り入れたいテキスタイルの写真を探すか、サンプルを集めましょう。

8. 五感

　インテリアのプロジェクトでは目に見えるものにこだわりがちです。でも、部屋をどのように感じさせたいですか？　五感を駆使してください。インテリアにどんな肌触りがほしい？　どんな匂いをかぎたいですか？　そして、それはなぜですか？　どんな音や音響がほしい？　子どもの頃の思い出や、連想させたいものはありますか？

おわりに

インテリアは楽しいですが、難しいものでもあります。個人の好みによるところが大きいので、よけいにややこしいですね。ルールなんてないと言われる一方で、インテリアデザイナーや建築家と話すと、バランス、構成、調和のとり方にコンセンサスがあるのは明らかです。だけど、それを言葉にできないのです。博識な教授と話してみても、インテリア好きな人と話してみても、はっきりした答えはまず得られません。

わたしはこの本で、インテリア業界で当たり前に浸透しているたくさんの——時には矛盾する——経験則を簡略化し、説明することにベストをつくしました。

現代の美的感覚には人間工学が足りていないとも思っています。インテリアは見た目だけでなく、身体にとって快適で機能的でなければいけません。でも実際にやろうとすると、けっして簡単なことではないですよね。わかりやすく説明するために、わたしは多くの時間を費やして寸法の目安を集め、分析してきました。特に、これまでそんなことを考えたこともない人たちのために。

この本にのせたヒントすべてに同意したり活用したりする必要はありません。でも、幸せな気分で過ごせる家をつくるのに役に立つようなこと、それをひとつでも学んでもらえれば、苦労してこの本を書いた甲斐があります。スウェーデンにはこんなことわざがあります。「家が心地よいのは、人生最高の幸運だ」

あなたの幸運を祈ります。

フリーダ

出典とおすすめの文献

Albers, Josef. 1963. Albers färglära – Om färgers inverkan på varandra. Forum

Andersson, Lena. 2016. Färgsättning inomhus. 2. uppl. Ica Bokförlag

Andersson, Thorbjörn och Edlund, Richard. 2004. Kataloghuset – Det egna hemmet i byggsats. Byggförlaget i samarbete med Jönköpings läns museum, Kalmar läns museum och Smålands museum

Björk, Cecilia; Nordling, Lars och Reppen, Laila. 2009. Så byggdes villan – Svensk villaarkitektur från 1890 till 2010. Formas

Bodin, Anders; Hidemark, Jacob; Stintzing, Martin och Nyström, Sven. 2018. Arkitektens handbok. Studentlitteratur

Boverkets byggregler – Föreskrifter och allmänna råd. Ändringar införda t.o.m BFS 2017:5. 2017. Svensk Byggtjänst

Broström, Ingela; Desmeules, Eric et al. 2007. Stora boken om inredning – Från möblering och ljussättning till dekoration och fönsterarrangemang. Infotain & Infobooks

Conran, Terence. 1999. Easy Living – Ett hem där livet är skönt. Prisma

Edwards, Betty. 2006. Om färg – Handbok och färglära. Forum

Fredlund, Jane och Bäck, Bertil. 2004. Moderna antikviteter. Ordalaget

Fridell Anter, Karin och Svedmyr, Åke. 2001. Färgen på huset. Formas

Fridell Anter, Karin et al. 2014. Färg & ljus för människan – i rummet. Svensk Byggtjänst

Gospic, Katarina och Sjövall, Isabelle. 2016. Neurodesign – Inredning för hälsa, prestation och välmående. Langenskiöld

Gudmundsson, Göran. 2006. Invändig renovering. Gysinge centrum för byggnadsvård

Handbok No. 9, reservdelar till gamla hus. 2009. Gysinge centrum för byggnadsvård

Klarén, U., Fridell Anter, K., Arnkil, H. & Matusiak, B. 2011. Percifal – Perceptiv rumslig analys av färg och ljus. Stockholm: Konstfack

Kondo, Marie. 2017. Konsten att städa – Förändra ditt liv med ett organiserat hem. Pagina （近藤麻理恵『人生がときめく片づけの魔法』サンマーク出版、2010年）

Miller, Judith. 2010. 1900-talets design – Den kompletta handboken. Tukan

Markmann, Erika. 1993. Att lyckas med krukväxter. Info Books

Neufert, Ernst och Neufert, Peter. 2012. Architects' Data. 4. uppl. Wiley-Blackwell

Nylander, Ola. 2011. Bostadens omätbara värden. HSB

Nylander, Ola. 2018. Svensk bostadsarkitektur – Utveckling från 1800-tal till 2000-tal. Studentlitteratur

Paulsson, Torsten. 1990. Färgen i måleriet. Ica Bokförlag

Piippo, Kai och Ångström, Emma. 2010. Ljussätt ditt hem. Ica Bokförlag

Ridderstrand, Stellan och Wenander, Vicki. 2018. Byggnadsvård för lägenheter 1880–1980. Gård & Torp och Bonnier Fakta

Rybczynski, Witold. 1988. Hemmet – Boende och trivsel sett i historiens ljus. Bonniers Schmitz-Günther, Thomas. 2000. Ekologiskt byggande och boende. Könemann Snidare, Uuve. 1998. Leva med färger. Bonnier Alba

Wahlöö, Anna. 2017. Att göra en klassiker – En studie av fenomenet moderna möbelklassiker i en samtida svensk kontext. Symposion

Wei Lu. 2016. Andrum – Skapa ett harmoniskt och organiserat hem. Pagina

Wilhide, Elisabeth. 1998. Belysningsboken – Att planera och leva med kreativ belysning. Forum

Wänström Lindh, Ulrika. 2018. Ljusdesign och rumsgestaltning. Studentlitteratur

ウェブサイト

a-hus.se

bbgruppen.se/kophjalp/montagehojder/byggnadsvard.se

byggfabriken.se

energimyndigheten.se

ncscolour.com

omboende.se

sekelskifte.se

sis.se/standarder/

smartbelysning.nu

stadsmuseet.stockholm.se

trivselhus.se (planskiss husmodell Fagersta, B031)

viivilla.se

インタビュー／アドバイザー

Eva Atle Bjarnestam（建築様式歴史家、作家 ）

Robin Barnholdt（歴史的建築物専門家 ）

Hildur Bladh（色の専門家）

Kelley Carter（インテリア・ジャーナリスト）

Åsa Fjellstad（照明の専門家）

Louise Klarsten（ColourHouse AB の色の専門家）

Karin Lindberg（壁紙の専門家）

Dagny Thurmann-Moe（色の専門家）

イラストの参照元: Ateljé Lyktan, Asplund, Ballingslöv, Brdr. Krüger, Fritz Hansen, Flos, Gubi, Hay, Iittala, Kay Bojesen Denmark, Kristina Stark, Louis Poulsen, Pendul, Skruf, Stolab, Swedese, Vola, Örsjö Belysning.

「ナイス」にするだけじゃ、
物足りないの。
───ロッタ・アガトン
（インテリアスタイリスト）

訳者あとがき

　目まぐるしく変わるスタイルや世界中のトレンドが一瞬にして手にとれ、片手で共有できる時代——それにもかかわらず、北欧で一番の人気を誇るインテリアスタイリストでブロガー、フリーダ・ラムステッド氏が手がけた二色刷りで文字ばかりの分厚いこの本は、スウェーデンで2019年6月の発刊から1年を待たずに2020年5月には9刷までされました。本書には、家を快適にするための基本的な知識が詰め込まれており、インテリアのプロであるスタイリストや建築家からインテリア好きの一般人まで、多くの人々に高く評価されています。

　この翻訳の作業をしていたのは、コロナ禍で東京オリンピックが1年延期予定になり、人々の仕事の仕方や生活が大きく変化していった時期。日本からは「ステイホーム」「テレワーク」「ズーム会議」「オンライン飲み会」などというワードが聞かれるようになりました。一方スウェーデンでは長期戦を見越してロックダウンせずに独自の政策をして世界から注目され、人々は家で過ごす時間が増え、自宅の多様化を余儀なくされ、まさにインテリアを見直している最中でした。

　翻訳作業を進めながら、家に関すること以外のメッセージも見えてきました。家を快適にするには、自分自身を知って分析することが重要だということです。そのことは、私がスウェーデン・ヨーテボリ大学でインテリアを学んだ際に感じたことを思い起こさせました。それは、日本の教育では先生が丁寧に教えてくれるスタイルであったのに対し、スウェーデンでは自ら調べて具体的なプロジェクトを進めていくやり方だったことで、当時、非常に大きな違いを感じました。自ら問題を分析して解決方法を探っていく力は、インテリアのみならず他にも応用できるはずです。

　本書には、家の問題解決方法がたくさん記されています。それらのヒントは、インテリアのスタイリングだけではなく、これから私たちの人生の中で問題にぶつかったときにもきっと役に立つことでしょう。自分の置かれている立場や状況を観察して分析することは、結果として人生を豊かにしてくれるはずです。本書がスウェーデン国内で注目されるとともに多くの言語に訳されたのは、表面的なスウェーデンや北欧スタイルのインテリアの部分だけがフォーカスされたのではなく、そのインテリアへの

問題解決の方法が、「世界のスタンダードになる」と受け止められた結果だと私は考えています。

　今回、約25ヶ国語に翻訳されている「Handbok i inredning och styling」の日本語一次訳を、私が担当できたことを、非常に光栄に思います。そして最後に、二次訳を担当してくださった久山葉子氏と編集を担当してくださったフィルムアート社の臼田桃子氏に、心より感謝いたします。

ストックホルムから、
地球が早く元気を取り戻すことを祈って。
2020年12月　机宏典

著者プロフィール
フリーダ・ラムステッド | Frida Ramstedt
スウェーデンのインテリアデザイナー、スタイリスト。北欧トップクラスの閲覧数を誇るインテリアとデザインのブログ、Trendenser(https://trendenser.se/)を運営。エル・デコ アワード(EDIDA)の「今年最高のインテリアブログ(Årets inredningsblogg)賞」や、アフトンブラーデット紙の「ブログ大賞(Stora Bloggpris)」など数々の受賞歴をもつ。セミナー講師、トレンドウォッチャー、個人向け・建設会社向けのインテリアコンサルタントとしても人気。https://www.instagram.com/trendenser/

訳者プロフィール
久山葉子 | くやま・ようこ
1975年生。神戸女学院大学文学部英文学科卒。2010年よりスウェーデン在住。著書に『スウェーデンの保育園に待機児童はいない』(東京創元社)、MOOK『北欧スウェーデンのガーデン＆インテリア』(執筆担当、住まいと暮らしの雑誌編集部編、主婦と生活社)。訳書に『許されざる者』(レイフ・GW・ペーション著、創元推理文庫)、『スマホ脳』(アンデシュ・ハンセン著、新潮新書)など多数。スウェーデンのお宅の訪問取材も多く、日本のインテリア雑誌やMOOKにも寄稿。

机宏典 | つくえ・ひろのり
1970年生。1999年国立ヨーテボリ大学デザイン＆クラフト学部インテリア学科修士卒。ストックホルムを拠点に、家具＆インテリアデザイン、写真など幅広く活動。家具デザインでは独自開発したデスクワーク用バランス・スツール「スインギー」(イトーキ)が日本で好評に。インテリアはカーペンターのスキルを活かし、デザインから施工までを自身で手がけている。北欧やヨーロッパで撮影取材を行い、ライフスタイル、建築、デザインを中心に雑誌メディア等にて多数掲載。

北欧式インテリア・スタイリングの法則

2020年12月10日　初版発行
2022年12月25日　第三刷

著者　　　　　　　　フリーダ・ラムステッド
訳者　　　　　　　　久山葉子・机宏典

日本語版デザイン　石島章輝(イシジマデザイン制作室)
日本語版編集　　　臼田桃子(フィルムアート社)

発行者　　　　　　上原哲郎
発行所　　　　　　株式会社フィルムアート社
　　　　　　　　　〒150-0022
　　　　　　　　　東京都渋谷区恵比寿南1-20-6　第21荒井ビル
　　　　　　　　　tel 03-5725-2001
　　　　　　　　　fax 03-5725-2626
　　　　　　　　　http://www.filmart.co.jp/

印刷・製本　　　　シナノ印刷株式会社